ITACIR FLORES

Do MEI ao MILHÃO

Técnicas e pílulas motivacionais que mostram como as coisas realmente são para quem decide empreender

Copyright© 2021 by Literare Books International
Todos os direitos desta edição são reservados à Literare Books International.

Presidente:
Mauricio Sita

Vice-presidente:
Alessandra Ksenhuck

Capa, diagramação e projeto gráfico:
Gabriel Uchima

Ilustrações:
Jonas Franco dos Santos

Revisão:
Rodrigo Rainho

Diretora de projetos:
Gleide Santos

Diretora executiva:
Julyana Rosa

Relacionamento com o cliente:
Claudia Pires

Impressão:
Impressul

Dados Internacionais de Catalogação na Publicação (CIP)
(eDOC BRASIL, Belo Horizonte/MG)

F634d   Flores, Itacir.
        Do MEI ao milhão / Itacir Flores. – São Paulo, SP: Literare Books International, 2021.
        16 x 23 cm

        ISBN 978-65-5922-038-0

        1. Literatura de não-ficção. 2. Empreendedorismo. 3. Sucesso nos negócios. I. Título.

                                                        CDD 658.4

Elaborado por Maurício Amormino Júnior – CRB6/2422

Literare Books International.
Rua Antônio Augusto Covello, 472 – Vila Mariana – São Paulo, SP.
CEP 01550-060
Fone: +55 (0**11) 2659-0968
site: www.literarebooks.com.br
e-mail: literare@literarebooks.com.br

AGRADECIMENTO

Eu teria um milhão de amigos para agradecer, como não posso agradecer a todos, escolhi uma amiga especial que foi a minha inspiradora nesta nova caminhada que me propus após completar 60 anos. Ela é fenomenal e nos desafia a recomeçar sempre. Ela é uma referência como palestrante no Brasil. Ela é Tathiane Deândhela!

Gratidão, Thati!

Itacir Flores

PREFÁCIO

O livro *Do MEI ao Milhão* de Itacir Flores surge num momento muito oportuno, especialmente para aquelas pessoas que sofreram profissionalmente com a Pandemia de Coronavírus. Mais que isso, é também uma obra atemporal para quem tem o objetivo de ser um divisor de águas onde quer que passe, especialmente a quem faz isso por meio do empreendedorismo.

Este livro traz, além de um suporte técnico baseado nos conhecimentos de um homem experiente, um suporte de qualidade de vida. Trata-se de um livro que nos ensina a transformar SONHOS em realidades possíveis, nos traz ESPERANÇA.

Do MEI ao Milhão faz perguntas ao mesmo tempo que propõe respostas. Ele nos motiva sem abandonar a importância das questões técnicas. E fornece ao empreendedor formas de dominar a ansiedade e expectativas de forma inteligente e, assim, desenvolver a inteligência emocional tão necessária para o sucesso.

Hoje, as livrarias estão cheias de livros que alimentam o desejo da riqueza rápida e fácil, mas poucos demonstram o que acontece atrás dos bastidores, quais são os processos, projetos, atitudes e ações são necessários para realmente chegar lá.

A proposta aqui é justamente esta: a de mostrar como as coisas realmente são para quem decide empreender. Isso nos leva a perceber que o sucesso passa primeiro pela construção de uma vida plena e produtiva.

É assim que se constrói seu milhão, começando pelo MEI.

Ah! Lembre-se de sempre realizar esta leitura com um caderno e uma caneta prontos para fazer anotações! Afinal, esta leitura vai te render muitos *insights* poderosos.

Um abração,

Tathiane Deândhela
Escritora, palestrante, empresária e conferencista internacional.

ORGANIZAÇÃO E PESQUISA (COAUTORES)

Em nossas vidas, sempre é tempo de reconstruir novos projetos e caminhos profissionais. Sempre fui homem de decisão. E, em todas elas, busquei a solidez e o afeto de minha família. Assim foi minha vida e assim eu ensino os que acompanham o meu trabalho. Neste projeto inovador, instigante e colaborativo convidei minha esposa Ivana e meu filho Thiago como coautores. Eles me auxiliaram na organização e pesquisa de toda a obra. Então, deixo registrado um agradecimento especial a ambos, que me auxiliaram sobremaneira na produção do livro. Muito obrigado!

Ivana Maria Genrro Flores

MBA em Direito Tributário pela Fundação Getulio Vargas (RJ). Especialista em Gestão da Educação pela Universidade Castelo Branco (RJ). Professora de Carreira do Magistério Público Estadual do Estado do Rio Grande do Sul. Secretária de Educação Adjunta do município de Porto Alegre (RS). Atualmente, é Secretária de Estado da Educação Adjunta do Rio Grande do Sul.

Thiago Franklin Genrro Flores

Bacharel em Relações Internacionais na Laureate International, Universities Uniritter de Porto Alegre (RS). MBA em Marketing Estratégico na Escola Superior de Propaganda e Marketing de Porto Alegre. Pós-graduado em Docência Superior na AVM Brasília (DF).

SUMÁRIO

MOTIVAÇÃO:
PASSOS QUE PODEM MUDAR SUA HISTÓRIA **11**

    Amar 12

    Empodere-se 12

    Conquistar 13

    Faça uma limpeza nas memórias e sentimentos 14

    5 dicas para conquistar clientes 15

    Encare suas sombras e confie no seu potencial 15

    Todo empreendimento requer planejamento 16

    Provocações necessárias para conseguir seu milhão 18

    Entregue-se aos seus sonhos 18

    Prosperidade e riqueza 19

    Toda ação gera uma reação 23

    Fazendo acontecer 23

    A importância dos valores na motivação 23

    Reconstruindo 26

    Deixe sempre uma boa impressão por onde passar! 26

    Impulsionando ganhos 27

    Reflexões do capítulo:
    encontre o potencial que há em você e o convide a agir 28

COMO A FIGURA DO MICROEMPREENDEDOR INDIVIDUAL MUDOU O BRASIL 33

Por que o dinamismo econômico exigiu uma solução para o microempreendedor?............................33

O MEI e as novas relações de trabalho 36

Um olhar para o futuro................................41

MEI, FREELANCER E PROFISSIONAL LIBERAL 45

Distinções do MEI em relação a outras formas de empreendedorismo individual 46

O crescimento do mercado de *freelancing* e o MEI................................47

Legalização, formalização e fim da "nota comprada"................................49

Avanços em face da nova legislação trabalhista................................51

O MICROEMPREENDEDOR COMO PIVÔ DA NOVA ECONOMIA 53

Internet – o grande passo do microempreendedor................................54

Economia colaborativa e MEI – um casamento perfeito................................55

GUIA RÁPIDO DO MEI.......... 59

Como abrir um MEI e mantê-lo................................60

Previdência Social e MEI – empresário com vantagens de empregado................................64

100 PERGUNTAS E RESPOSTAS SOBRE MEI 67

Tributação e aspectos fiscais no MEI 67

Previdência e suporte ao MEI 93

Contabilidade e aspectos financeiros ligados ao MEI 118

Gestão e modelo de negócio no MEI 144

**CRIANDO UM MEI
COM "CARA" DE GRANDE EMPRESA** 172

Os três "M" de um MEI de sucesso 173

MOTIVAÇÃO: PASSOS QUE PODEM MUDAR SUA HISTÓRIA

Você entende que motivação corresponde aos motivos que nos levam à ação?

O Microempreendedor Individual (MEI) precisa de MOTIVAÇÃO para delinear sua atuação de negócio e, mais ainda, para superar os limites que regem seu trabalho, o limite anual de ganhos.

Vamos entender o que acontece no contexto de trabalho atual e no que implicam diversos aspectos, como a reforma previdenciária.

No começo do século XX, o trabalho tinha um determinado valor: em alguns sistemas escravocratas, a remuneração da mulher era muito inferior à do homem, o trabalho infantil seguindo junto, sem legalização, ocupando o espaço da escola. Os direitos dos trabalhadores foram incorporados à sociedade, bem como os lugares e direitos da infância e da adolescência.

Na atualidade, existe uma geração de jovens que busca espaços por meio de estágios e experiências diversas. Mas há outro grupo que não aceita permanecer num emprego até um ano, porque não lhe oferta um crescimento rápido; e para uma determinada geração, a estabilidade no trabalho era de grande valor, hoje se busca ganhar o MUNDO, porém há muito que refletir sobre o campo emocional.

Você pode ter uma vida feliz, plena, realizada, alcançar seus sonhos e ganhar muito dinheiro!

Neste capítulo, vamos ajudar você com o processo de reflexão e autoconhecimento, crenças, emoções e comportamentos. Também vamos trazer à tona a importância de seguir com seus sonhos e deixar sua marca na vida das pessoas.

Acredite que você tem o PODER de conquistar seu milhão e ir além, pois, ao observar a necessidade, você entrou em ação, no movimento necessário em busca de sua realização. Vamos abordar três motivações essenciais: AMAR, EMPODERAR-SE, CONQUISTAR.

AMAR

O amor é inerente ao ser humano, o amor se manifesta em termos de escolhas, afetos e dedicação. O autoamor, diferente de teimosia e arrogância, ainda diverge das crenças limitantes, inseguranças e autossabotagem. Trata-se de uma necessidade de confiança no EGO equilibrado que orienta as ações do ser humano consigo mesmo e com os outros.

Esse é o princípio de qualquer ação de agora em diante: refletir sobre como você se ama e que tipo de amorosidade você consegue oferecer ao mundo. Seja por meio de relações com seus pares ou com seu trabalho. Você pode criar afirmações positivas diárias para seguir com seu trabalho diariamente.

E todos nós percebemos quando um trabalho é feito com amor: naquela comida temperadinha cheia de sabor, naquele atendimento de sorriso fácil e atencioso, naquele tijolo bem alinhado. Amar cada nota de dinheiro recebida fruto de seu trabalho ou daquele extra, a gorjeta que alguém acha que você merece, por fazer tão benfeito o que você está fazendo. E por que não, um abraço de GRATIDÃO?

Ame a si mesmo, ame o que você faz, ame o dinheiro que você receber e o faça render em seu favor.

EMPODERE-SE

O EMPODERAMENTO é um ato de desenvolvimento prático de sua autoridade.

Esse é também um exercício de cidadania, é um exercício de confiança na autonomia e na crença em si mesmo e no seu potencial.

É justo dizer que você se tornou um EMPREENDEDOR, seja micro ou de grande expressão. Você conquistou esse caminho porque sonhou, aprendeu, dedicou horas e momentos de aprendizagem na sua área. Aproveite os portais da inteligência e observe o contexto e as metamorfoses do cenário em que você está inserido.

Você tem o PODER sobre suas escolhas, decisões, intuição e capitalização. Invista nos seus conhecimentos, na cultura e estética pessoal; faça viagens, conheça pessoas. Observe projetos que dão certo; respeite os que não deram.

Ao se dar conta do seu poder e da sua influência no mundo, você começa a se sentir mais feliz e realizado consigo mesmo. A sua alegria será contagiante, e as pessoas ficarão mais interessadas em você e nos seus projetos. Tenha cuidado e invista na sua apresentação nas redes sociais, mantenha sua opinião, mas não fira as pessoas ou ideais. Evite a cabeça cheia de informações.

O conhecimento é seu maior PODER. A sabedoria será seu legado.

Obs. A bolsa de valores brasileira não foi tão afetada pela pandemia, mas o perfil do investidor mudou, transmutando de grandes corporações para investidores individuais que estudam os movimentos da bolsa e investimentos.

CONQUISTAR

Nossas mentes estão cheias de dramas, sátira, sensibilidade, pânico, força e fragilidade; somos contraditórios, complexos e complicados. Alguns seres humanos são mais expressivos, mas se de um lado as dores de cabeça surgem nas relações interpessoais, por outro, o próprio ser humano é capaz de criar, amar, inspirar, racionalizar, ponderar.

SER HUMANO é tudo isso: respira, inspira, transpira e pode atingir excelência na gestão de suas metas e ganhos.

Um conquistador definiu um propósito a ser conquistado, libertou criatividade e coragem. Um conquistador aprendeu a agir com paciência e a primeiramente a liderar a si mesmo. O conquistador manifesta uma ambição positiva que se espalha e transforma o seu entorno. Um conquistador é uma pessoa de ação que termina o que inicia e não se conforma com os problemas sociais, está sempre em busca de soluções e alternativas. Resiste às adversidades, aprende com elas e alimenta seu combustível emocional de resiliência: uma GRANDE PAIXÃO PELA VIDA.

Com essa tríade, AMOR, EMPODERAMENTO e CONQUISTA, é possível construir alicerces profundos na conquista de seu milhão ou de qualquer projeto a ser realizado.

FAÇA UMA LIMPEZA NAS MEMÓRIAS E SENTIMENTOS

Vários filósofos e palestrantes da atualidade são convergentes quando dizem que o tecido social está em plena mudança e desconstrução. Ou seja, você como MEI, como EMPREENDEDOR, precisa reconhecer os seus campos de atuação.

A perda de sentido que afeta o tecido social está ligada ao excesso de informação, que circula nas mídias sociais sem uma reflexão crítica do que está acontecendo de fato com as situações, nutrindo inteligência e limpando as adversidades do passado, o excesso de saudosismo e a ansiedade do futuro.

O tempo que você vive é o presente!

Pequenos detalhes são fundamentais para alimentar sua motivação. Se na sua infância você foi uma criança pouco valorizada e não teve os cuidados adequados, perdoe sua criança interior e a ignorância dos adultos que não souberam amá-lo. A ação que você pode adotar é ser atencioso e respeitoso com as crianças, valorizando suas perspectivas e saberes.

Muitos gênios inventores foram satirizados e desprezados, mas não se prenderam a isso, e se tornaram personalidades memoráveis e queridas, como Einstein, por exemplo.

O mundo muda a cada hora, a cada segundo, a cada dia. Aproveite as experiências passadas, comece cada dia como se fosse único, fazendo seu melhor, focando no seu propósito. A pandemia de coronavírus colocou todos num mesmo patamar, dentro de suas casas, com cuidados essenciais para consigo e atenção para com o outro.

Todos temos capacidade de adaptação e superação de obstáculos, se não fosse assim, não tínhamos desenvolvido tantas tecnologias e continuaríamos com os instrumentos rudimentares.

Busque observar o cenário em seu entorno e como você pode intervir positivamente nele. Sua postura e seu modo de se comunicar com as pessoas também são importantes e interferem nos estilos de pensamento: segurança, habilidade de diálogo, simpatia, empatia.

5 DICAS PARA CONQUISTAR CLIENTES

1 – CRIE UMA EXPERIÊNCIA ÚNICA: cada cliente é único e merece atenção individual.

2 – FOQUE NA QUALIDADE: seja cordial, faça o melhor serviço ou venda um produto que você conheça as qualidades e defeitos, e deixe claro para seu cliente: a seriedade e o respeito que você transmite geram engajamento.

3 – SURPREENDA: compartilhe as dicas que são próprias do seu ofício, oferte algo que possa melhorar a vida do cliente ou o produto que ele espera.

4 – CONHEÇA SEUS PONTOS FORTES E FRACOS: saiba os horários de movimento, quando determinado cliente deveria retornar a comprar.

5 – FIDELIZE OS CLIENTES: a arte de fidelizar é como um adorável processo de degustação, você vai desenvolvendo seus sentidos e as estratégias fluem sem altos custos. Vá além do imediato.

ENCARE SUAS SOMBRAS E CONFIE NO SEU POTENCIAL

Todos os dias, estamos sujeitos a cometer erros e arcar com suas consequências, mas essa é uma experiência que pode trazer autoconfiança. É importante planejar e analisar a situação para minimizar o erro, contudo, tomar decisões equivocadas faz parte da vida e contribui para o seu crescimento.

Evidentemente, ninguém gosta de falhar, mas para quem tem coragem, se coloca em ação e arrisca é quase inevitável fracassar algumas vezes. Você não pode se iludir e acreditar que essa SOMBRA dirige sua vida!

Somente você vai saber o que é melhor para si mesmo, confie na sua intuição.

É claro que algumas questões requerem outra opinião, especialmente de pessoas que querem seu bem ou em quem você confia. Mas jamais você deve seguir apenas o que as pessoas dizem ser o certo a fazer, ou seja, deixar que elas tomem decisões que cabem a VOCÊ.

Outros pontos de vista, outras perspectivas de olhar para uma mesma situação, são interessantes. Porém o propósito da jornada de seu MILHÃO é seu.

Além disso, você não tem que pedir opinião para tudo, tem que acreditar nas suas convicções, na sua capacidade de fazer escolhas acertadas. Isso gera mais atitude e habilidade de tomada de ação.

Fique atento às pessoas com BAIXA AUTOESTIMA, que têm hábito de falar para várias pessoas as questões que ocorrem, isso demonstra que essa pessoa não consegue ter a própria opinião, não confia no seu autojulgamento e terceiriza sua vida.

Um olhar profissional e dicas que ajudem você a desenvolver seu projeto são sempre bem-vindas, especialmente quando há trocas de experiências de sucesso.

Contudo, você também aprende com sua própria ação, o aprender a fazer fazendo. Isso pode dar a você um padrão para uma evolução gradativa, um empreendedor que vai do MEI ao MILHÃO.

Tenha coragem de acreditar no seu potencial de lidar com grandes quantias de dinheiro e o faça circular a seu favor.

TODO EMPREENDIMENTO REQUER PLANEJAMENTO

Em qualquer área da vida é necessário planejar: a lista do mercado, o orçamento para atividades físicas, o lazer, o trabalho e os resultados que advêm dele.

Esteja atento ao seu FLUXO DE CAIXA, porque a movimentação financeira será influenciada por ele, uma organização de entradas e saídas do caixa ajuda a prever os períodos em que a receita estará maior.

O lugar do marketing

Para aproveitar melhor todo o seu trabalho e se ele acontece de modo sazonal, é fundamental saber ONDE e QUANDO gastar; então, cabe o momento do Plano de *Marketing*. Assim, você vai atingir seu público com maior eficácia.

Se você trabalha com parceiros, é importante motivá-los com:

- Reconhecimento;
- Comemorações;
- Treinamentos;
- Definição de metas claras;
- Bons relacionamentos interpessoais.

Toda essa organização, planejamento, ajuda a MEDIR os RESULTADOS, AVALIAR os PROCESSOS, ANALISAR a PERFORMANCE. Identificar o momento de reinvestir, ou de poupar.

A vida é um contínuo contrato de risco, então, por que temer a avaliação de sua *performance* ou trabalho?

Não tema em INOVAR, EXPERIMENTAR, seja DETERMINADO, demonstre CORAGEM e SEGURANÇA com amorosidade!

Identifique o que traz felicidade para você, há modelos de negócios que combinam mais com sua personalidade e podem dar um lucro mais em longo prazo, mas com muita felicidade. Esse é um tipo de sonho que contagia o inconsciente.

É sempre bom lembrar que TODOS somos consumidores. Como assim?

Eu posso ser consumidor amanhã do meu cliente de hoje.

Então, oferecer qualidade no trabalho com um padrão, agradecer quem está pagando e destinar o dinheiro de modo adequado para atingir o propósito envolvem uma circularidade muito mais próxima do que se imagina.

PROVOCAÇÕES NECESSÁRIAS PARA CONSEGUIR SEU MILHÃO

- O impossível não existe;
- Você não é vítima da adversidade;
- Teça metas alcançáveis;
- O prazer e a alegria têm que fazer parte do caminho;
- Seja grato;
- Aprenda a superar as ilusões e desilusões da vida, saiba lidar com elas;
- Viva o sonho de ser livre;
- Não critique, não se queixe, não julgue... desenvolva uma prática verdadeiramente caridosa;
- Caridade não é dar esmola ao mendigo, mas pontuar um erro de quem causou consequências desastrosas com amorosidade, sem maltratar o próximo; e, se for o caso, dar um prato de comida digna a quem precisa, ou dinheiro;
- Não feche os olhos às mazelas humanas;
- O importante é estar presente, sonhando com seu milhão, criando paisagens mentais, estados de bem-estar e alegrias no entorno.

ENTREGUE-SE AOS SEUS SONHOS

A prisão exterior é uma realidade, mas a prisão das sombras internas asfixia o sentido existencial, então para você ir do MEI ao Milhão entregue-se de forma humilde, adaptando-se à transformação do caminho, descomplique e construa continuamente uma vida cheia de vontade e verdade, seja protagonista da própria história.

Sinta, sofra, se emocione, chore, sorria; deixe a lágrima correr, mas não se demore muito tempo no sentimento de tristeza ou inferioridade.

Sim, somos pequenos diante da imensidão do mundo, mas cada gota é importante, pois ela faz a chuva que cura a seca ou a tempestade que derruba árvores. Você tem uma energia grandiosa.

Sonhe com um mundo justo e equânime, conheça pessoas inspiradoras; aprenda com exemplos de persistência e sucesso. O começo e o fim são apenas meios para chegar ao sentido.

Observe o sonho da eternidade e que tudo se transforma na vida, até a morte. Deixe seu legado.

Espalhe entusiasmo e boas vibrações, acredite que sua energia atrai e seus sonhos se realizam. Seja a favor da paz. Compreenda que cada ser humano, por mais terrível que pareça, tem mãe, tem pai e tem uma história fascinante, assim como você.

Um dia, quatro homens atravessaram uma rua de Montmartre (Paris) e decidiram montar uma taberna chamada Quatro Gatos. Um deles, habilidoso com desenhos e pinturas, fez a placa, os cardápios. Sabe quem era? Pablo Picasso, que viveu sua prosperidade em vida.

PROSPERIDADE E RIQUEZA

Neste capítulo, apresentamos pistas e caminhos para o seu desenvolvimento motivacional. Abordamos algumas dicas de vendas e *marketing*. Falamos de autoconfiança, coragem e crença nos seus sonhos. Falamos da importância de um planejamento e fizemos um processo reflexivo com algumas provocações.

- Mas qual o seu conceito de PROSPERIDADE?
- E o que você entende por riqueza?
- Será que você já não é um milionário e não se deu conta?
- Você já fez um inventário de todo o seu patrimônio adquirido?

- Você sabe o valor de seu capital humano (aquele adquirido com cursos e práticas que agregam valor ao seu serviço)?

E riqueza, para você, é apenas dinheiro e o que de mais caro ele pode comprar?

- **O aspecto emocional:** é importante você perceber suas questões íntimas e afetivas para lidar com a prosperidade e abundância, bem como com o equilíbrio financeiro.
- **O aspecto técnico:** abrange dicas sobre organização e meios de ganhar dinheiro.

Podemos considerar a PROSPERIDADE um caminho a ser trilhado com consciência e reflexão, que atrai recursos financeiros, atrai uma vida mais harmoniosa, melhora os relacionamentos. Mas também requer trabalho, investimento e atitude positiva.

Vamos orientar você a lançar suas sementes de prosperidade:

- Observe o que rodeia sua vida. Fique mais atento aos tempos: o antes, o agora e o depois, despertando a mente e os sentidos com os elementos essenciais água, fogo, terra e ar.

Você consegue listar três coisas que representam prosperidade e riqueza em sua vida atual?

Você consegue reconhecer seu potencial e desenvolver metas de forma objetiva e assertiva?

- Grandes obras como: *O segredo, O milagre da manhã, Pai rico, pai pobre, Quem mexeu no meu queijo* e *Eu não sou o seu guru*, entre outras, são unânimes em afirmar que:

"O autoconhecimento é um de seus maiores propulsores".

Você consegue listar o que amarra você e o impede de crescer?

Já abordamos sobre sonhos, finanças, planejamento e metas atingíveis.

Você tem uma missão de vida? Consegue defini-la?

Para definir sua missão ou propósito de vida, você precisa responder para si as seguintes questões:

1. O quê?

A definição do que você quer leva você a especificar um objetivo, uma meta. Você pode pensar "quero ficar rico", mas dentro dos diversos conceitos de riqueza que estão em seus pensamentos e concepções. Porém, em termos de ações, são gradualmente mensuráveis?

- Quero aumentar meus rendimentos em 30%.
- Quero um emprego melhor e mais rentável.
- Quero economizar mais e aumentar minha poupança.
- Quero desenvolver minhas habilidades e ganhar mais por isso.

2. Por quê?

Este é o momento em que você registra as justificativas e argumentos que motivam você a buscar seu MILHÃO. E tudo vai se convergindo para a realização de seu projeto:

- Seu trabalho e habilidades podem ser mais bem pagos.
- Você pode encontrar novas empresas para trabalhar.
- Você consegue economizar mais.
- Você está reverberando felicidade com suas finanças aumentando.
- Já desfruta as benesses do dinheiro em abundância com muita alegria.

3. Como?

Neste momento, você sente aquela chama pulsante na sua energia?

Vamos fazer uma dinâmica: fique sozinho(a), sente-se em frente ao espelho e medite:

- Eu sou um ser da luz, ao nascer tudo em volta de mim era LUZ, a luz alimenta a vida.
- Tudo que recebe luz e vida cresce!
- Não há como medir o crescimento e a vida na abundância da luz!
- Tudo que vem da luz é próspero, o dinheiro também é prosperidade.
- Eu mereço luz, eu recebo prosperidade e riqueza, aceito que seja financeiramente!
- Eu aceito que minhas habilidades, competências e sensibilidades estejam atentas às oportunidades!
- Eu me AMO e sou muito capaz e bem remunerado!

Repita essas afirmações quantas vezes forem necessárias. Ou as grave no celular e as escute no decorrer do dia!

Mobilize quais habilidades e competências você pode usar para atingir seus objetivos. Acredite na sua capacidade criadora, acredite na sua ação metódica e orientada.

TODA AÇÃO GERA UMA REAÇÃO

4. Quando?

Determinar prazos é fundamental ao processo. Assim, você estará delimitando o tempo de acontecimento das coisas. Você se sentirá realizado com suas conquistas e perceberá como funciona essa dinâmica.

Determine datas ou acontecimentos que sirvam de marco para suas metas.

FAZENDO ACONTECER

Tudo que é vivo precisa de alimento. E fazer seu milhão é uma energia viva para você. E seu propósito não é diferente disso: é um desejo vivo que você alimenta com boas vibrações, que precisa de benefícios, resultados, valores e referências para se tornar parte da sua realidade.

Quais significados você dá aos eventos de sua vida?

A IMPORTÂNCIA DOS VALORES NA MOTIVAÇÃO

Os valores são um conjunto de ideias e pensamentos que incidem sobre nossas atitudes. Alguns exemplos de valores: união da família, honestidade, amizade, lealdade, respeito, machismo, protecionismo, amor, respeito aos idosos.

Quando algo acontece divergente de seus valores, é preciso ponderar e retomar a essência do que motiva você. Busque dar novos significados para situações adversas, extraia lições positivas de situações ruins.

A importância dos valores na motivação de seu propósito é usá-los com criatividade e uma boa dose de bom humor, para transpor os desafios do caminho!

Ao afirmar sua prosperidade financeira, você já deve ter percebido que se trata de um processo orientado com uma metodologia, ou seja, existem técnicas, atividades e ações que ajudam a orientar sua jornada. Você fez exercícios de autoconhecimento, experimentou atividades com objetivos. Refletiu sobre crenças, valores e mudanças necessárias.

Agora você pode separar um bloco de notas, uma agenda e um caderno para usar como registro para a realização de suas metas.

Por exemplo: em 2019, um microempreendedor individual que fazia atendimento domiciliar para configurar e ajustar programas nos computadores da vizinhança, projetou um rendimento extra, usando de suas habilidades funcionais, criou um *app* para facilitar as pessoas do bairro a terem em suas mãos onde encontrar um eletricista, pedreiro, pintor, azulejista e técnico de informática e começou a compartilhar com as pessoas. Em poucos dias, o *app* cresceu tanto que já atingia outros bairros. Essa ideia lhe rendeu muito dinheiro que acabou sendo o caminho inicial para chegar a um milhão de reais. Hoje ele possui uma empresa Ltda. e cinco funcionários. Seu programa está em várias cidades do Brasil.

> "Na vida, não existe nada a temer,
> mas a entender."
> (Marie Curie)

Exercício de Projeção Material

- O que você quer criar?
- O que você quer sentir com o que criou?
- Quais são suas inspirações?
- Quais são suas afirmações positivas?
- Qual seu foco?

- Quais são seus objetivos?

- Quais são as suas prioridades?

- Quais são seus fundamentos: motivações, necessidades, experiências, aquisições, qualidades pessoais e habilidades.

- Cronograma: defina dias, meses, períodos. Administre seu tempo, relacione prioridades e tenha foco nas metas.

  Dica: faça uma relação de ações realizadas. Presenteie suas conquistas. Comemore resultados. Sinta-se feliz desde as pequenas vitórias!

- O que o motiva? O que o sabota? Como superar a adversidade?

- Quais estratégias e recursos serão mobilizados para que seu comprometimento leve você a resultados bem-sucedidos?

- Qual sua ação de hoje e o que você espera alcançar com ela?

- Para amanhã, qual o próximo passo? E daqui a uma semana, mês, seis meses, anos?

O processo de organização serve para você visualizar suas intenções e compreender suas causas, recordando suas motivações. Quando você APLICA os passos abordados, você faz ações em sua realidade, sempre observando suas práticas de avanços e estabilidades, ou recuos no processo. O processo de avaliação é inevitável, você consegue retomar seus registros escritos, ver seu desenvolvimento pessoal e potencial e/ou como mobilizou as pessoas em seu entorno. Faz análises e sínteses e desenvolve a capacidade de criar uma nova realidade.

Você vai usar suas habilidades emocionais e comportamentais e técnicas com muito carisma e humildade, para engajar sua família e os mais próximos.

Seu novo comportamento e suas ações devem se tornar tão entusiastas e contagiantes que as pessoas notarão diferenças em você. É possível que esteja mais focado, mais satisfeito e leve.

Seu processo de comunicação e relações interpessoais vão estar mais fluidos, suas ações e decisões estarão mais eficazes nos diversos âmbitos de sua vida.

RECONSTRUINDO

Você sente uma chama interior inflamando sua vontade?

Você consegue se perceber com mais segurança, com capacidade de se defender de todos os ataques pessoais, mas nunca de um elogio.

Já consegue olhar os problemas e analisar a situação para resolvê-los? Algumas pessoas, assim como as empresas, tropeçam no invisível. Mas o que é esse invisível? Sim, é o olhar da inveja, ódio, ego, narcisismos, traumas, inseguranças, culpa e medo. Mas você pode lidar com tudo isso!

Se tem consciência de capacidade, você se sente mais confiante. Fique atento às diversas interações e use seus filtros para perceber se não está monopolizando a conversa. Aprender a se comunicar dá trabalho.

Não é algo natural para todos nós. Claro, nós sabemos fazer as perguntas certas e, sem dúvida, sabemos falar sobre nós mesmos, mas ter uma conversa profunda que deixe as pessoas engajadas a colaborar é um desafio que você já consegue superar.

DEIXE SEMPRE UMA BOA IMPRESSÃO POR ONDE PASSAR!

E acredite, qualquer pessoa pode aprender a desenvolver essas habilidades e estar mais motivada. Motive as pessoas: faça elogios; não se precipite; nunca fale mal de si mesmo.

Não dê ouvido a quem diz que fazer elogios é ridículo ou cafona. Se o elogio for genuíno, verdadeiro, a pessoa se sentirá bem, além de fazer com que ela baixe a guarda e se sinta confortável.

A verdade é que se autodepreciar constantemente não é algo que divirta por muito tempo, mesmo numa comédia de *stand up*.

Manter-se motivado é vencer o sistema de crenças limitantes: depende da criação e convivência familiar, da idade, de experiências e até da questão cultural. Mas, com este material, você pode fazer uma releitura do mundo.

Você já consegue desenvolver uma memória positiva no seu entorno?

Fazendo assim, você terá como resultado uma aceleração do seu processo de conquistas. Enfatizamos a questão do planejamento porque ele oferece parâmetros efetivos; quem não planeja incorre no risco de perder o SENTIDO precioso de seu propósito.

IMPULSIONANDO GANHOS

- Achar uma brecha no mercado, na sua área, e vender mais serviços;
- Criar algo a partir da necessidade atual;
- Compartilhar suas ideias com postagens interessantes nas redes sociais;
- Considerar o momento atual e as possibilidades do mercado;
- Às vezes, é preciso mudar de negócio e até de público, mas sempre considere suas habilidades e competências;
- Ganhe visibilidade;
- O trabalho benfeito é sua melhor propaganda.

As memórias e as crenças podem se impor em suas escolhas de investimentos, esteja atento se são influências positivas ou sabotadoras. Ninguém é emocionalmente estático, e você também não, você é fonte e meio de energia. A grande sacada é preservar o equilíbrio e a força de vontade para seguir adiante.

Para a Psicologia, a felicidade não advém de uma vida perfeitinha, mas de saber aprender com os erros, alegrias, dores, decepções, coragem e fracassos. Isso é ter saúde física e emocional. Então, o que ponderamos aqui é que você pode fazer seu MILHÃO com muita tranquilidade, mas não coloque nele um peso maior do que ele tem. É só dinheiro.

É bom, é ótimo. Dinheiro compra coisas que trazem felicidade, paga dívidas, ajuda em vários aspectos e, com organização, paciência e motivação, você chega lá. Mas sua essência é maior.

Você é um ser de AMOR, de PODER e de CONQUISTAS.

REFLEXÕES DO CAPÍTULO: ENCONTRE O POTENCIAL QUE HÁ EM VOCÊ E O CONVIDE A AGIR.

Ao iniciar este capítulo, abordou-se o tema MOTIVAÇÃO e passos que podem mudar sua história pessoal, com a reflexão sobre os motivos que nos levam às ações. Também se observou que, como MEI, é preciso superar limites, limites de ganhos para chegar ao sonhado MILHÃO.

Abordou-se um breve histórico sobre o contexto do mundo do trabalho, a estabilidade, juventude e crescimento rápido dentro de uma empresa, e como há uma mudança bastante grande nesse universo. Fez-se uma reflexão sobre o campo emocional.

Neste capítulo, teve-se como objetivo provocar o AUTOCONHECIMENTO por meio de crenças, emoções, comportamentos. Reafirmou-se o quanto é importante acreditar nos seus sonhos e deixar sua marca positiva no mundo.

Acreditar no sonho não significa ficar parado devaneando, mas entrar em AÇÃO em busca do seu Milhão.

Assim, compreendeu-se que há três motivações essenciais que nos deixam mais fortes ou vulneráveis para a ação, e questionamos:

1 – Amar

- Você a si, confia no seu ego equilibrado?
- Como você ama? (manifestando afetivamente ou controlando as pessoas)
- Como você ama o que faz?
- Como você ama o dinheiro?

2 – Empoderar-se

Está ligado ao desenvolvimento de sua autoridade, do conhecimento emocional e suas relações com o conhecimento técnico e prático. Quais são suas especificidades que dão a você diferencial no que faz?

3 – Conquistar

Trata-se do poder de percepção. De comemorar, de ter consciência das suas próprias realizações, da definição de seus propósitos e da criação de ações que o ajudaram a atingir suas metas.

Contudo, é preciso limpar memórias e sentimentos que deixam você vulnerável. Cada dia que você acorda, um milagre acontece: você tem a chance de viver uma nova etapa da sua vida.

A proposta de cinco dicas para conquistar clientes é uma ajuda para que você crie estratégias de pensamentos e possibilidades, cada cliente é uma pessoa com a qual você vai conviver mais ou menos tempo, vai prestar seu serviço, sirva com amor.

Encare suas sombras e confie no seu potencial. Se algo no seu jeito de ser o atrapalha muito, busque ajuda profissional, há ótimos psicoterapeutas, inclusive com formação em *Coaching*, se sua carreira não o satisfaz. Este é o momento de se olhar no espelho e ver sua humanidade; jamais desista de você.

Existe mais poder em você do que imagina; existe um poder adormecido em você que está despertando: é um poder capaz de ensinar, treinar, guiar com força, brilho e criatividade. Esse poder só precisa ser reconhecido, abraçado e movimentado.

Acreditar no seu poder interior é importante, mas lembre-se de que todo EMPREENDIMENTO requer planejamento. Aproveite para organizar e registrar seus passos:

- Crie seu próprio fluxo de caixa;
- Leia sobre *Marketing* e descubra como potencializar ganhos com ele;
- Respeite e motive seus parceiros;
- Faça diagnósticos de seu próprio processo, avalie desde quando você começou a projetar seu MILHÃO e o lugar que você está no processo, quais passos já deu em direção ao seu objetivo;
- Ofereça a melhor qualidade;
- Faça o dinheiro movimentar;
- Perceba que o MUNDO o provoca constantemente. Esteja no momento presente: sinta, observe o que se passa no seu entorno.

Ao entregar-se aos seus sonhos, você está assumindo as rédeas da sua vida, sendo autor da sua história. Então, viva seu sonho de prosperidade e riqueza plenamente. Leia bons livros de desenvolvimento pessoal.

Sonhe com um futuro melhor e não desista dele, invista na realização dos seus projetos de vida. Sonhos são inspirações de VIDA!

Examine em suas concepções o que você entende por prosperidade e riqueza. Já pensou se você está buscando uma forma de materialização apenas focando no dinheiro e não se deu conta que você já pode ser milionário, ou está perto disso pelo que adquiriu na vida?

Você já fez um inventário de seu patrimônio?

Você fez os exercícios propostos da Semente da Prosperidade e da Riqueza (toda aprendizagem requer exercícios – lembre-se de que um bebê se desequilibra várias vezes até aprender a caminhar).

Silencie sua mente, olhe dentro de si, cultive o autoconhecimento. Identifique as razões que o levam ao propósito do Milhão, respondendo: O quê? Por quê? Como? Quando?

Transforme essas respostas em ações práticas, ou seja, faça acontecer!

Reveja a importância dos valores na motivação, aproveite-os com leveza e bom humor; agregue as diferenças à sua jornada e crie uma realidade positiva.

Reconstruindo os passos deste capítulo: se você o leu, fez os exercícios e os levou para sua prática, deve estar alegre com os resultados; provavelmente mais seguro de seu propósito milionário. Lembre-se de deixar uma boa impressão por onde passar, seja LUZ para o olhar alheio.

Observou as dicas que impulsionam ganhos?

Portanto, é preciso sonhar, ter pensamentos multifocais. Não limite seus sonhos. Mantenha sua personalidade viva e acredite que o fracasso é somente um conceito para quem não cria uma organização eficaz em busca de suas realizações, deixa de sonhar ou desiste de seus sonhos.

Tudo é abundante no UNIVERSO, busque seu MILHÃO!

COMO A FIGURA DO MICROEMPREENDEDOR INDIVIDUAL MUDOU O BRASIL

O MEI é uma das maiores modificações no cenário empreendedor brasileiro dos últimos 50 anos. A sua interferência positiva na vida do microempresário e dos profissionais autônomos e liberais foi tão relevante que essa simples medida criou modificações no tecido empresarial capazes de concorrer com a própria criação e atuação do Serviço Brasileiro de Apoio às Micro e Pequenas Empresas (SEBRAE), em 1972.

Mais do que uma medida de "facilitação" tributária, o MEI permitiu não apenas a formalização de milhões de trabalhadores e comerciantes autônomos no país, mas abriu espaço para a rediscussão de uma série de posições em relação aos regimes de contratação, à empregabilidade, à constituição e manutenção de empresas e também aos mecanismos de crédito e microcrédito.

Por que o dinamismo econômico exigiu uma solução para o microempreendedor?

A dinâmica da economia do final dos anos 1990 mudou drasticamente no Brasil e também em todo o mundo. O avanço da *Internet* como fonte de trabalho e emprego e da fragilidade dos conflitos laborais entre sindicatos e entidades patronais levou a simples necessidade de se repensar o mercado.

A não conformidade com as novas regras da produtividade e do mercado poderia levar os brasileiros a perder empregos não para prestadores de serviços e outras empresas apenas, mas também para profissionais de todo o mundo.

A realidade "tenebrosa" da informalidade na verdade era um reflexo midiático de um mercado que já operava, mas sem regras. Pessoas que trabalhavam diariamente, garantiam o sustento de suas famílias e adquiriam bens e serviços, mas na obscuridade. A ausência de um "carimbo" que reconhecesse essas pessoas era algo que, cedo ou tarde, tornar-se-ia evidente... e incômodo.

Consta na Constituição Federal – o princípio da livre iniciativa, no seu artigo 170. O problema, contudo, encontra-se no mesmo artigo, em seu parágrafo único: "É assegurado a todos o livre exercício de qualquer atividade econômica, independentemente de autorização de órgãos públicos, salvo nos casos previstos em lei".

Aos muitos microempresários e empreendedores individuais, antes da regulamentação do MEI, o negócio do qual dependiam acabava por esbarrar num dos "casos previstos em lei", dentro dos quais era impossível empreender sem a disponibilização de capital ou a constituição de uma cara e dispendiosa empresa, com contabilidade organizada, custos de manutenção e abertura e outros.

O fenômeno do trabalho autônomo (e mesmo remoto) não era novidade quando o conceito do MEI foi finalmente desenhado. Entretanto, a falta de encorajamento e mecanismos que permitissem a esses pequenos empreendedores colocar em prática seus planos e modelos criava um cenário no qual apenas a atuação na informalidade era possível.

Isso mudou em decorrência de uma série de fatores – e tomou proporções sob as quais uma atitude era imprescindível. Dentre os fatores que levaram à necessidade urgente da criação de um mecanismo legal de criação de negócios individuais podemos citar:

- As mudanças estruturais nas relações de trabalho e emprego;
- O altíssimo fator de informalidade nas profissões de nível superior;
- A insuficiência dos mecanismos de fiscalização dos governos;
- A explosão das ferramentas de microcrédito e crédito ao empreendedor;
- O crescimento do trabalho remoto;
- Fenômenos pontuais, como o retorno do comércio de rua e do comércio ambulante;
- O aumento e a popularização dos sistemas de venda *on-line;*
- A evasão tributária pela dificuldade dos empreendedores em adimplir às exigências burocráticas para o pagamento de impostos.

Essa última razão foi, talvez, um dos principais fatores que levaram à criação de uma figura jurídica como o MEI. Muitos anos antes, essa mesma razão incentivou a criação de um sistema de recolha de tributos facilitado para empresas de menor porte, que não podiam manter estruturas jurídicas e contábeis caras e onerosas em seus negócios – o Simples Nacional.

Com o surgimento do MEI, criou-se um mecanismo de formalidade para empreendedores ainda menores, mas também se gerou uma maneira rápida e fácil de coletar impostos – sem que isso interviesse na rotina de trabalho do microempresário. A dura realidade no Brasil, principalmente nos anos 1990 e anteriores, é que a alta carga tributária era apenas parte do problema. No Brasil, é extremamente difícil pagar impostos: apenas pagá-los não adianta. É preciso pagá-los na data certa, com o código certo, a guia certa, da forma certa e para a pessoa certa – qualquer erro ou equívoco implica no pagamento de multas e, em geral, na não devolução dos montantes pagos em desconformidade.

Com o MEI, o Simples tornou-se ainda mais simples. O empreendedor individual pagaria uma espécie de mensalidade, dentro da qual se incluem todas as despesas tributárias e de seguridade social que precisaria pagar – tanto para atuar como empresa como para garantir mínimos direitos trabalhistas que não teria sem estar empregado em uma empresa.

A figura do empreendedor individual encontra base jurídica no Código Civil Brasileiro, em seu artigo 966 – que explica, ademais, as discussões sobre a permissão de atuação como MEI para alguns profissionais do ramo artístico e acadêmico das classes permitidas para a atuação como MEI:

> **Art. 966.** *Considera-se empresário quem exerce profissionalmente atividade econômica organizada para a produção ou a circulação de bens ou de serviços.*
>
> *Parágrafo único. Não se considera empresário quem exerce profissão intelectual, de natureza científica, literária ou artística, ainda com o concurso de auxiliares ou colaboradores, salvo se o exercício da profissão constituir elemento de empresa.*

O governo Jair Bolsonaro chegou a determinar a exclusão dessas classes da possibilidade de atuação como MEI, ação que foi, não obstante, revista pela Receita Federal em função de uma série de manifestações e protestos em relação à medida, o que demonstrou a penetração da classe de empreendedor individual também entre músicos, atores, artistas e, principalmente, professores.

O MEI e as novas relações de trabalho

O MEI é uma tipologia empresarial que resolve problemas que vão muito além daqueles enfrentados pelos empreendedores que atuavam como profissionais liberais. Uma prática observada com "vista grossa" tem sido uma constante no mercado de trabalho brasileiro desde os anos 1970 ou 1980: a venda de notas fiscais.

Muitos trabalhadores sempre receberam ordenados, na prática, superiores àqueles declarados nas carteiras de trabalho. Além disso, muitas empresas, sob o subterfúgio de evitar despesas de dívidas trabalhistas, sempre contrataram funcionários em regime integral como se fossem prestadores de serviço.

Como antes da entrada do MEI abrir uma empresa era algo complicado e custoso, a prática da compra e venda de notas tornou-se um padrão. Muitos profissionais, especialmente de nível de formação superior, atuavam em apenas um único emprego recebendo e sendo registrados como meros fornecedores, passando uma nota fiscal por "seus serviços" ao final de cada mês.

Ao mesmo tempo em que essas práticas denotavam mais uma face do "jeitinho" brasileiro, também sempre evidenciaram a fragilidade e as poucas opções de relações de trabalho e prestação de serviços que pudessem beneficiar mais o pequeno empreendedor, o profissional liberal e, mais modernamente, o *freelancer*.

Modificações das leis trabalhistas, especialmente aquelas propostas pela Lei nº 13.467, de 2017, abriram caminho para relações de trabalho e prestação mais flexíveis, que passaram a exigir mecanismos mais empreendedores – principalmente um registro como MEI. Disposições novas, como as do teletrabalho, apontam para uma relação cliente-fornecedor, muito mais do que uma relação patrão-funcionário:

> **Art. 75-A.** *A prestação de serviços pelo empregado em regime de teletrabalho observará o disposto neste Capítulo.*

Art. 75-B. Considera-se teletrabalho a prestação de serviços preponderantemente fora das dependências do empregador, com a utilização de tecnologias de informação e de comunicação que, por sua natureza, não se constituam como trabalho externo.

Parágrafo único. O comparecimento às dependências do empregador para a realização de atividades específicas que exijam a presença do empregado no estabelecimento não descaracteriza o regime de teletrabalho.

Art. 75-C. A prestação de serviços na modalidade de teletrabalho deverá constar expressamente do contrato individual de trabalho, que especificará as atividades que serão realizadas pelo empregado.

§ 1º Poderá ser realizada a alteração entre regime presencial e de teletrabalho desde que haja mútuo acordo entre as partes, registrado em aditivo contratual.

§ 2º Poderá ser realizada a alteração do regime de teletrabalho para o presencial por determinação do empregador, garantido prazo de transição mínimo de quinze dias, com correspondente registro em aditivo contratual.

Art. 75-D. As disposições relativas à responsabilidade pela aquisição, manutenção ou fornecimento dos equipamentos tecnológicos e da infraestrutura necessária e adequada à prestação do trabalho remoto, bem como ao reembolso de despesas arcadas pelo empregado, serão previstas em contrato escrito.

Parágrafo único. As utilidades mencionadas no caput deste artigo não integram a remuneração do empregado.

Art. 75-E. O empregador deverá instruir os empregados, de maneira expressa e ostensiva, quanto às precauções a tomar a fim de evitar doenças e acidentes de trabalho.

Parágrafo único. O empregado deverá assinar termo de responsabilidade comprometendo-se a seguir as instruções fornecidas pelo empregador.

A prerrogativa do profissional que é "dono da própria força de trabalho" era, de certo modo, relativa. Com a chegada das novas relações de trabalho impulsionadas pela popularização da *Internet*, hoje podemos dizer que o empregado de fato consegue promover a si mesmo como prestador e como empreendedor.

Não obstante, o MEI ainda oferece algumas limitações a quem empreende pela primeira vez. Muitas das barreiras ainda são culturais e não legais – tanto por parte dos contratantes quanto do próprio empreendedor. Há ainda empresas que colocam o empreendedor individual em um patamar distinto dos prestadores de serviço, porém essa conotação depreciativa tem quase que desaparecido nos últimos anos.

O MEI ainda criou possibilidades de aprimoramento para aqueles que já desenvolviam atividades como *freelancers*. Profissionais de áreas diversas que atuavam já havia anos assumindo trabalhos e tarefas por projeto, não em regime fixo ou contínuo como ocorre numa contratação por vias tradicionais.

Esses profissionais eram mais comuns em áreas pouco regulamentadas em sua atuação, como na comunicação e no *design*, em serviços de consultoria e, em alguns casos, até em ramos como o atendimento ou vendas.

O estabelecimento e consolidação do MEI no universo trabalhista e empresarial brasileiro segue a perspectiva liberal do trabalho que vem sendo observada em todo o mundo. O protagonismo concedido ao trabalhador para que atue como empreendedor ou mesmo empresário exige o seu preço, no entanto: sob essa nova óptica, o empreendedor é o único responsável pela negociação do valor que tem a oferecer: sua própria força de trabalho e sua capacidade intelectual[1].

Por outro lado, os benefícios do MEI no escopo das relações de trabalho são ainda um assunto controverso e passível de grande discussão. Enquanto alguns afirmam que a evolução dessa forma de empreendedorismo tem levado a uma maior formalização e liberdade por parte do profissional, há quem sustente a tese de que isso representa apenas a substituição do emprego como ele existia antes[2]. Pesa nessa análise a presença de atores que foram "herdados" de uma época na qual as relações de trabalho eram muito menos flexíveis e na qual a luta de classes era a premissa que dava origem a muitos dos mecanismos ligados às relações de trabalho e prestação de serviços – sobretudo os sindicatos.

---

1 KOVÁCS, Ilona. *Novas formas de organização do trabalho e autonomia no trabalho*. Sociologia, problemas e práticas, 2006, 52: 41-65.

2 OLIVEIRA, João Maria de. *Empreendedor Individual: ampliação da base formal ou substituição do emprego?*, 2013.

O rompimento, contudo, é um pressuposto do empreendedorismo em si. Segundo Schumpeter, por exemplo, em sua definição, o empreendedor é aquele que "destrói a ordem econômica existente pela produção de novos produtos e serviços, pela criação de novas forças de organização ou pela exploração de novos recursos e materiais[3]".

Do mesmo modo, empreender significa assumir riscos e responder pela própria promoção dos serviços que é capaz de prestar ou dos produtos que pode produzir. Mas em termos de benefícios, principalmente para aqueles que já desenvolviam serviços de natureza pontual ou de projetos, o MEI oferece:

- Possibilidade de trabalhar por projetos ou entregas;
- Liberdade de atuação em mais de uma empresa, inclusive empresas de um mesmo ramo ou setor;
- Possibilidade de terceirização de tarefas ou subcontratação;
- Carga tributária e fiscal, se não menor, mais simples e objetiva;
- Baixo custo de abertura de firma e empreendimento;
- Dispensa da obrigatoriedade de contabilidade organizada;
- Alinhamento dos ganhos às metas cumpridas, não ao tempo ou comparecimento;
- Maior afinidade com as modalidades contemporâneas de teletrabalho e trabalho *on-line*.

Não devemos esquecer, contudo, que muitas das vantagens hoje usufruídas pelo MEI são uma evolução natural da Lei 7.256, de 1984, ou o "Estatuto da Microempresa[4]". Esse estatuto foi sendo modificado ao longo das décadas,

---

3 SCHUMPETER, Joseph Alois, 1883-1950. *Teoria do Desenvolvimento Econômico: uma investigação sobre lucros, capital, crédito, juros e o ciclo econômico*. Introdução de Ruben Vaz da Costa. Tradução de Maria Silvia Possas. São Paulo: Abril Cultural, 1982.

4 NUNES, Claudia Ribeiro Pereira. *Análise do desenvolvimento da formalização do microempreendedor individual–MEI e qual o impacto em suas relações negociais no Brasil*. Scientia Iuris, 2013, 17.2: 29-54.

o que culminou na Lei Complementar nº 123, de 2006. A lei mais atual regula alguns aspectos da definição de microempresa, sob o ponto de vista do capital, por exemplo, entre outros.

O MEI possui uma limitação, a partir da qual o microempreendedor precisa constituir uma empresa de outra natureza para operar. Atualmente, o rendimento máximo do MEI é fixado em R$ 81.000,00. Embora o valor seja relativamente humilde, constitui renda maior do que a grande maioria da população empregada em regime de CLT ou mesmo estatutário.

Há ainda limitações relativas à atividade do microempreendedor – uma lista que pode ser encontrada com facilidade. São inúmeros CNAE já incluídos, e algumas revisões que podem incluir mais atividades para a atuação como MEI estão em constante discussão.

Trabalho no século XXI e o MEI

O avanço de segmentos econômicos inteiros rumo a uma atuação liberalizada e flexível no trabalho tornou o MEI uma resposta óbvia, ainda que relativamente transitória, ao trabalho autônomo. A verdade é que, em seu contexto original, a lei que institui o MEI pretendia dar vazão e possibilidades de regularização e formalização a um tipo de empreendedor diferente daquele que hoje trabalha via *Internet* em áreas como *marketing*, programação, *design* e tantas outras.

Contudo, a caracterização do MEI ofereceu a esses profissionais uma chance clara de validar os seus rendimentos "por fora" e torná-los rendimentos aceitos e oficiais para todos os fins. O MEI é hoje um instrumento para aqueles que atuam sob a égide de novas relações trabalhistas baseadas na colaboração, no trabalho remoto ou no *microtasking*, ou seja, nos minicontratos para projetos breves e quase imediatos – comuns a *freelancers* que prestam serviços a partir de *sites* de oportunidades de projetos, por exemplo.

Profissões inteiras vêm sendo revistas à luz de uma nova dinâmica da economia trabalhista, e mecanismos que promovem e apoiam essas mudanças – no caso aqui tratado, o MEI. Não são raros os casos de empreendedorismo em áreas antes sumamente presenciais e de exclusividade, como ocorre hoje com o Secretariado Remoto.

O Secretariado Virtual ou Remoto é uma atividade que cresce no Brasil com uma caracterização claramente ligada ao MEI[5].

Os números do MEI ofereceram, inclusive, bases de discussão para algumas alterações no campo trabalhista. A despeito do julgamento da eficácia ou valor das medidas alteradas ou interpostas pela Reforma Trabalhista, a questão é que o rápido salto da figura do empreendedor individual como alternativa ao emprego formal urgiu mudanças e discussões na área do trabalho e nos mecanismos da CLT.

Um olhar para o futuro

O futuro do MEI parece garantido se observarmos não apenas o cenário político-econômico brasileiro, mas também o grau de aderência da tipologia empresarial do MEI entre a classe de profissionais liberais e mesmo de trabalhadores do ensino médio e fundamental.

Alguns esperam a extensão dos limites de faturamento e de atividades permitidas em relação ao MEI, porém, se olharmos ainda mais à frente, podemos vislumbrar um futuro no qual o MEI rivalize de forma quase que equivalente com as modalidades de contratação tradicionais.

Já em 1995, o renomado economista José Pastore preconizava uma realidade do que chamava "morte do emprego", em um dos seus muitos artigos sobre economia do trabalho. "Tudo indica que o mundo do trabalho do próximo milênio será completamente diferente do mundo atual. Para começar, o próximo milênio vai sacramentar a 'morte do emprego' que já começou a acontecer. Não confundam com a morte do trabalho. Este vai continuar porque haverá muitas coisas a serem feitas. Mas o emprego está condenado a morrer[6]".

Mas o que representa o MEI nesse tipo de tendência? Em países desenvolvidos, a automação desde os anos 1980 aparece como um fator óbvio de redução e destruição de

5 DA COSTA, Taís Paula; DE CAMARGO CHIZZONI, Caroline; VAZ, Caroline de Fátima Matiello. *Secretários executivos remotos ou in company: como se apresenta o mercado remoto para os profissionais de Secretariado?*

6 PASTORE, José. *O futuro do trabalho no Brasil e no mundo.* Em Aberto, 2008, 15.65.

postos de trabalho na área do ensino base e secundário. Ao mesmo tempo, é evidente o aumento dos postos de trabalho em nível técnico ou superior.

Já no dito "Primeiro Mundo", o desaparecimento de postos em alguns setores da economia leva ao inevitável choque com trabalhadores de outras gerações e com sindicatos. No Brasil, a situação é consideravelmente mais grave: com o grosso da população ainda empregada em trabalho de nível médio ou inferior, a verdade é que, mesmo havendo a substituição de empregos de baixo nível por vagas de nível superior, não se nota o crescimento. Isso ocorre simplesmente porque muitas novas vagas geradas são incapazes de absorver a maior parcela da população – que não detém formação para obter acesso a essas novas vagas.

Muitos analistas e economistas apostam no crescimento ainda mais acelerado das modalidades de trabalho em regime autônomo, empreendedor e *freelancer* nos próximos anos. Em uma década, podemos estar vivendo numa realidade na qual cada "trabalhador" na verdade presta serviços, ao mesmo tempo, para vários clientes.

Dentro de uma realidade como essa, o microempreendedor possui um dilema: ao mesmo tempo em que precisa garantir alguns direitos e seguranças compatíveis com o emprego como ele se apresenta nos dias de hoje, como, por exemplo, a seguridade social, pelo lado do "empregador" ou cliente, o microempreendedor passa a ter um CNPJ e pode emitir notas fiscais e cumprir com requisitos contábeis das empresas que o contratam.

O MEI foi a solução brasileira para todas essas questões – mas ainda precisará de adendos e mudanças para acolher às evoluções das relações de trabalho e prestação dos próximos anos. Em países desenvolvidos, a figura do MEI existe em tipologias semelhantes. Um exemplo próximo é o mercado português, no qual os trabalhadores podem atender a diversos empregadores simultaneamente, passando a eles uma espécie de nota fiscal conhecida localmente como "recibo verde". Do mesmo modo que o MEI, o autônomo ou o Empresário em Nome Individual (ENI) recolhe pagamentos à seguridade social portuguesa e possui direitos similares aos dos trabalhadores "com carteira assinada", ali conhecidos como trabalhadores "por conta de outrem".

Mas o trabalho ainda irá mudar muito. Não por conta da influência das "corporações", como faz crer o senso comum, mas sim porque ele precisará mudar. Tarefas automatizadas e assumidas por máquinas e processos darão lugar a trabalhos mais intelectuais e consultivos – como vem ocorrendo nos últimos seis mil anos.

A informação e a comunicação mudaram tudo: e mudarão ainda mais. O primeiro aspecto da liderança e da cadeia de decisão é o acesso à informação[7]. Num mundo conectado, onde o acesso à informação é "relativamente" livre, a cadeia de decisão não pode mais ser a mesma. Em 1960, sabíamos de oportunidades e vagas de emprego uma vez por semana, nos classificados de jornais. Hoje, sabemos em tempo real – e os mais informados sabem antes mesmo que a vaga seja postada.

As ferramentas de negociação e a concorrência também migraram. Vinte anos atrás, concorríamos com pessoas que não conhecíamos. Hoje, toda a sorte de *sites* de *freelancing* e contratação em *crowdsourcing* permite a nós oferecer nosso trabalho ao lado de diversos outros profissionais, além de concorrer em igualdade com eles.

O que falta nessa equação? Formalização. Legalização suficiente para que tenhamos como provar nossos ganhos, ter acesso a sistemas de segurança social, serviços bancários e crédito. Para tanto, temos de possuir formalidade – e o MEI é um dos canais que permitiram isso.

---

7 MALONE, Thomas W., et al. The future of work. Audio-Tech Business Book Summaries, Incorporated, 2004.

MEI, *FREELANCER* E PROFISSIONAL LIBERAL

O MEI vem sendo, em alguns casos, confundido com a figura do *freelancer* ou do antigo profissional liberal. Embora muitas vezes essas figuras se sobreponham, a verdade é que o MEI representa muito mais uma microempresa ou empresa individual do que o modo com que um profissional atua ou deixa de atuar.

Profissionais liberais e *freelancers*, antes usuários das "notas compradas", migraram em grande volume para o MEI. A facilidade de uso dessa alternativa de obtenção do CNPJ, mais a vantagem de não arcar com "comissões" de empresas de fachada, cuja única atividade era a de vender notas falsas, fez com que praticamente todo o contingente de profissionais e trabalhadores que atuavam por conta própria optasse por esse tipo de regime.

Não é falso dizer que o sucesso do MEI se deve, em grande parte, pela forma com que setores inteiros e categorias aderiram ao regime, saindo da obscuridade e passando para um cenário de formalidade – com a vantagem de, em alguns casos, inclusive reduzir custos.

Mas o MEI não é a única forma de empreender individualmente. Em alguns casos, esse regime se aplica melhor ao tipo de atividade desempenhada pelo profissional ou microempresário. Em outros casos, o MEI é apenas um primeiro passo mais realista, para que o empreendedor possa, posteriormente, migrar para outras tipologias empresariais.

De qualquer modo, o MEI encaixou-se numa fatia de mercado para a qual não havia, anteriormente, outra alternativa viável de operar como empresa. Para muitos, sistemas como o Recibo de Pagamento Autônomo (RPA) era uma das poucas alternativas de trabalho legal. Contudo, essa alternativa oferecia uma série de problemas e riscos.

O RPA é um documento que deve ser emitido pela fonte pagadora, ou seja, quem contratou o serviço de algum profissional pessoa física e que não esteja regido pelo sistema CLT – Consolidação das Leis Trabalhistas. Esse profissional não poderá ter vínculo empregatício com a empresa durante o trabalho que originará a necessidade desse documento. Entretanto, nada impede que futuramente a empresa o contrate de outra forma.

Parte do problema já começava por aí. Muitas empresas se negavam a contratar um profissional seguidas vezes ou por períodos mais longos. O RPA trazia para o contratante um risco de vínculo empregatício claro, e muitas empresas sequer cogitavam incorrer nessa ameaça.

Além disso, o RPA era emitido pela fonte pagadora que recolhia INSS e IRRF, e ainda possuía sérias complicações no que se referia ao ISS dos municípios. A complicação dos RPAs fazia com que muitos profissionais liberais virassem "clientes" das empresas que vendiam notas fiscais, como modo de manter seus contratos sem oferecer riscos de vínculo empregatício aos clientes.

A alternativa era operar dessa forma ou totalmente "por fora". Para constituir uma empresa, os profissionais tinham de se submeter a custos bastante pesados e uma enorme burocracia, que envolvia a contratação e o pagamento de um contador e, por vezes, até de honorários advocatícios.

Em outras palavras: nenhuma das tipologias empresariais que antecederam o MEI eram viáveis para alguém que operasse de forma individual e sem uma receita mensal fixa – além disso, custos mensais fixos e um investimento inicial relevante acompanhavam qualquer tentativa de abertura de um CNPJ.

Distinções do MEI em relação a outras formas de empreendedorismo individual

O MEI hoje é reconhecido como uma tipologia empresarial. O empresário individual possui um CNPJ. Por outro lado, embora não atue propriamente como um trabalhador normal, também não chega a operar do mesmo modo que um microempresário registrado sob outra tipologia de empresa.

Outra das tipologias hoje conhecidas de empresa de pequeno porte no Brasil, a Eireli oferece vantagens compatíveis com o MEI, porém tem algumas obrigações não exigidas do empreendedor individual. Eireli é a sigla de Empresa Individual de Responsabilidade Limitada, um novo modelo de empreendimento criado em

2011 com o objetivo de legalizar seu negócio como sociedade limitada, eliminando a figura do sócio "fantasma".

A primeira grande diferença entre o MEI e a Eireli é o limite de faturamento anual permitido. Para a Eireli, falamos de um negócio que pode faturar até R$ 4,8 milhões por ano – no MEI, esse limite é de apenas R$ 81.000,00. Por outro lado, tudo o que a Eireli movimenta precisa ocorrer na esfera da pessoa jurídica. Ao contrário do MEI, o empresário não pode fazer uso da conta pessoal, dispensar os serviços de um contador ou deixar de preencher guias separadas para os impostos e contribuições.

Ainda que o grau de burocracia e complexidade da Eireli não se compare ao enfrentado por empresas limitadas maiores ou sociedades anônimas, por exemplo, a gestão disso tudo é algo muito mais dispendioso e trabalhoso quando colocamos a coisa lado a lado com o MEI.

Além da Eireli, há a tipologia do EI – Empresário Individual. A despeito do nome similar ao MEI, o EI é uma empresa que não possui um limite de faturamento – embora não possa exceder os R$ 4,8 milhões para optar pelo Simples Nacional.

O EI e a Eireli se diferenciam do MEI por exigirem maior burocracia e constituição de contrato social e capital social. A "responsabilidade limitada" na Eireli faz com que o empresário não responda com seus bens pessoais em relação às dívidas da empresa, mas em contrapartida tem de arcar com a integralização de capital equivalente a cem vezes o salário-mínimo vigente.

O crescimento do mercado de *freelancing* e o MEI

O mercado de *freelancing*, segundo algumas pesquisas, já emprega mais de um terço dos norte-americanos. No Brasil, há certa ausência de estatísticas nesse sentido, mas se somarmos a economia antes informal ao trabalho desempenhado por *freelancers* e profissionais liberais de nível superior, chegamos facilmente a algumas dezenas de milhões de pessoas.

A popularização desse método de contratação e empregabilidade com o advento da *Internet* 2.0 cunhou um novo termo no setor: a *Gig Economy*[1].

Essa vertente da economia trabalhista criou, no mundo todo, horizontes de flexibilidade nas relações de trabalho, mesmo em mercados altamente regulamentados em termos legais e trabalhistas, como é o caso do Brasil, de Portugal e da Espanha.

O trabalho independente surgiu como resposta a uma oportunidade e uma necessidade. A *web* atraiu milhões de pessoas que viram seus empregos desaparecerem durante as crises econômicas entre 2000 e 2018, que não foram poucas. Com o fim dessas crises, grande parte do contingente que havia migrado para o *freelancing* simplesmente não regressou ao mercado dito "formal".

Pesquisas de 2016 já estimavam que, após as crises americanas e europeias de 2008 e 2012, entre 20% e 30% da população economicamente ativa dos dois blocos já haviam definitivamente migrado para formas mais liberais de empregabilidade – longe da formalidade trabalhista e do empregador único[2].

A razão é muito simples: mitigar riscos. Enquanto que operar como autônomo era algo visto como arriscado e incerto até os anos 1980, com a chegada da *Internet* e a propagação de diversas crises no mercado financeiro a partir dos anos 1990, a atuação como autônomo ou "consultor" passou a ser vista como uma maneira de reduzir os riscos atinentes à submissão do próprio trabalho a um único contratante.

A tecnologia permitiu que esses trabalhadores encontrassem, na *web*, uma vasta possibilidade de ter acesso a novos clientes. Plataformas de *freelancing* proliferaram em todo o mundo, nas quais empresas e pessoas postam projetos para os quais buscam *freelancers* e autônomos. Cadastrados nessas plataformas, *freelancers* realizam em geral pequenos *pitches* e lances para que os contratantes possam escolher o melhor profissional para a realização de cada trabalho.

Críticas não faltam em relação a essa nova economia. Segundo muitos, essas plataformas, em consonância com a proliferação do *freelancing*, criaram uma

---

[1] FRIEDMAN, Gerald. Workers without employers: shadow corporations and the rise of the gig economy. Review of Keynesian Economics, 2014, 2.2: 171-188.

[2] MANYIKA, James, et al. Independent work: Choice, necessity, and the gig economy. McKinsey Global Institute, 2016, 2016: 1-16.

"commoditização" do trabalho[3]. A grande verdade, no entanto, é que, ao contrário do mercado dito formal, o segmento de *freelancing* não possui salários-mínimos, pisos salariais e "tabelas" de honorários – como ocorre com quase todas as classes de profissionais no segmento formal da economia.

Contrariando a crença de muitos, hoje há *freelancers* operando no mercado com ganhos mensais muito superiores aos salários dos profissionais empregados na mesma área – o que desmente de maneira fulcral o mito da "precarização" do trabalho que cerca não apenas o mercado de *freelancers*, mas também os regimes que estão alinhados a essa prática, entre eles a atuação como MEI no Brasil.

Dezenas de críticas se utilizam de plataformas como Uber e afins para estabelecer uma visão "escravocrata" da atuação de autônomos. A realidade dos profissionais que atuam, por exemplo, como MEI, pouco tem a ver com a mão de obra contratada nesses *sites* de *crowdsourcing* – o MEI, assim como o *freelancer*, escolhe seus empregados e os projetos nos quais pretende participar. O profissional que atua nesse mercado possui a incumbência de vender seu próprio capital de trabalho e intelectual, organizar suas despesas e receitas, criar publicidade e visibilidade para os seus serviços. A verdade é que o *freelancer* se assemelha muito mais a uma microempresa do que a um profissional empregado nessas plataformas similares ao Uber.

Legalização, formalização e fim da "nota comprada"

No Brasil, a atuação de *freelancers* ocorre desde os anos 1970 e 1980. Mesmo em áreas nas quais a figura do profissional liberal não era legalmente reconhecida, como para jornalistas, *designers*, ilustradores, desenhistas, profissionais de computação e outros, o trabalho nessa vertente era algo comum.

Para lidar com os clientes e assegurar a eles uma forma de saída da remuneração que recebiam, a maioria desses profissionais era obrigada a recorrer a todo um mercado paralelo de comércio de notas fiscais.

---

[3] ALOISI, Antonio. *Commoditized workers: Case study research on labor law issues arising from a set of on-demand/gig economy platforms*. Comp. Lab. L. & Pol'y J., 2015, 37: 653.

Milhares, talvez milhões, de empresas e CNPJs abertos no Brasil apenas prestavam-se ao papel de fornecer notas fiscais para profissionais e trabalhadores que não tinham como oferecer aos clientes e contratantes um modo legal e formal de pagar por seus serviços prestados.

A proliferação desse "serviço" de fornecimento de notas possuía até mesmo certa especialização. Empresas com nomes e características particulares eram criadas para fornecer notas para determinada classe de profissionais, ou de determinado intervalo de valores. Algumas empresas, inclusive, abriam outros CNPJs apenas para incluir seus funcionários como "sócios", pagando a eles "participações" e verbas sem incorrer em gastos trabalhistas.

Tudo isso ocorria dentro de um mercado que, em tese, apenas admitia a contratação de trabalhadores com carteira assinada. Muitos argumentariam a respeito da possibilidade desses trabalhadores de recorrerem à Justiça. A problemática, mais uma vez, é muito mais poética na visão dos críticos: a justiça trabalhista tem um custo, é morosa e, especialmente há 20 ou 30 anos gerava prejuízos para os trabalhadores no sentido de atentar contra a sua empregabilidade futura.

A venda do "direito trabalhista líquido e certo" criou uma doutrinação a respeito da formalidade e da carteira assinada como "benefícios". Muitas empresas, até os dias de hoje, oferecem vagas que, com carteira assinada, pagam menos do que aquelas "com nota" ou por fora. Esse fato por si só já esmaga o argumento anterior de que os *freelancers* e autônomos geram uma "precarização" ou "commoditização" do trabalho. Se os profissionais contratados como PJ, historicamente, recebiam mais do que seus iguais contratados por vias formais, como se pode dizer que o movimento e crescimento do mercado autônomo estaria gerando uma "redução" dos salários?

A mentalidade sindical dos anos 1980 "atrapalhou", de um certo modo, o desenvolvimento de políticas com foco no microempreendedor durante algum tempo. Longe de ser um desvio da legislação trabalhista, o MEI veio a atender uma grande gama de profissionais que atendiam a diversos "patrões" e não encontravam uma maneira formal e legal de operar. A informalidade, sob o aspecto fiscal, era apenas um dos inconvenientes enfrentados por esses profissionais e empreendedores – a ausência de direitos previdenciários e problemas para comprovação de renda e acesso a financiamentos e outros serviços bancários eram outras das faces problemáticas de se operar como autônomo no Brasil.

Do mesmo modo, a introdução do MEI como tipologia empresarial não foi uma "benesse" governamental. Governos em todas as esferas tiveram acesso a uma fonte de arrecadação antes inexistente. De maneira geral, talvez exceto algumas poucas entidades de classe de algumas categorias, o MEI agradou a todos e resolveu uma série de problemas estruturais na economia brasileira.

Avanços em face da nova legislação trabalhista

As leis trabalhistas, a partir de meados da década de 2010, começaram a sofrer pressões por modificação. O discurso, que até vinte anos antes concentrava-se na inclusão de ainda mais direitos e obrigações por parte do empresariado, começou a tender para a flexibilização.

Um enorme contingente de trabalhadores que passou a operar como empreendedor sentiu necessidade de obter mais espaço para crescer como empresário. Claro, o MEI não foi o único aspecto a incitar as mudanças trabalhistas que ocorreriam, mas representou um marco importante nesse sentido. No contexto do MEI, algumas das mudanças se mostrariam fundamentais para assegurar ao empresário individual possibilidades de trabalhar melhor:

- Convenções e acordos coletivos que prevalecem sobre a legislação em pontos como jornada de trabalho, intervalo, banco de horas, plano de carreira, *home office*, trabalho intermitente e remuneração por produtividade.

- A nova lei prevê que as empresas poderão contratar autônomos e, ainda que haja relação de exclusividade e continuidade, essa contratação não será considerada como um vínculo empregatício. Muitas empresas resistiam à contratação de autônomos, e mesmo de profissionais como o MEI, temendo argumentações posteriores que levassem ao vínculo empregatício.

- Um trabalhador demitido só poderá ser recontratado como MEI após obedecer à quarentena de 18 meses, o que não é viável para o empregador que necessita do serviço naquele momento e logo não poderia ser beneficiado. Essa modificação encerrou a argumentação de sindicatos e centrais de que a proliferação do MEI iria gerar uma "substituição" dos trabalhadores com carteira assinada.

Nos próximos anos, contudo, devemos assistir a mais algumas mudanças no contexto trabalhista. Mesmo na operação como MEI, muitos contratantes ainda enxergam o empresário individual como um simples empregado sem formalidade – e a relação de subordinação e submissão a hierarquias ainda pode levar a discussões trabalhistas.

A grande verdade é que, seguindo tendências que encontram base nos próprios princípios da economia do trabalho, sendo o trabalhador o "dono" da própria mão de obra, mecanismos como o MEI são fundamentais para que o empreendedor possa vender sua força de trabalho para quem quiser e para quantos clientes quiser.

O MICROEMPREENDEDOR COMO PIVÔ DA NOVA ECONOMIA

A economia e o capitalismo mudaram substancialmente com o advento da *Internet* 2.0 e as novas tecnologias. Relações societárias, de trabalho e empresariais antes raras ou mesmo inexistentes se tornaram comuns. Empresas de trabalho *outsourced*, sistemas como Uber e Airbnb e plataformas que gerenciam relações entre clientes e *freelancers* para projetos e *jobs* específicos hoje "empregam" uma porção considerável da população economicamente ativa nos países desenvolvidos e também em desenvolvimento.

O trabalho associado a plataformas de trabalho e contratação digitais está desafiando países de todo o mundo em relação à adequação e modificação das leis trabalhistas tradicionais, de modo a acomodar (ou não) essas novas formas de trabalho.

Não obstante, a verdade é que a opção de atuar como autônomo recebeu uma certa evolução, à medida que negócios *on-line* e de pequeno porte criaram oportunidades para empreender sem pesados investimentos, instalações físicas, funcionários contratados ou gastos com advogados, contadores e outros profissionais de apoio burocrático e regulamentar[1].

Nesse sentido, o microempreendedor ressurgiu ao redor de todo o mundo. Os microempreendedores individuais, a quintessência do capitalismo em sua origem e do perfil de economia vendido pelo "Sonho Americano", se tornaram uma realidade: a opção entre operar como trabalhador e empresa, antes disso, consistia em um enorme abismo. Com a adequação dos regimes societários ao redor do mundo para acomodar trabalhadores que, por conta própria, vendem serviços e produtos, a nova economia ganhou uma imagem mais nítida.

Hoje, quando observamos as novas profissões e negócios que a modernidade nos trouxe, é impossível não identificar a figura do empreendedor individual como o pivô da economia.

Talvez um dos próximos grandes dilemas a serem resolvidos é o dos índices de desemprego. Num mundo onde 20% ou 30% dos trabalhadores na verdade operam

---

1 STEWART, Andrew; STANFORD, Jim. Regulating work in the gig economy: What are the options? The Economic and Labour Relations Review, 2017, 28.3: 420-437.

como autônomos e microempresários, as métricas de empregabilidade relacionadas ao emprego formal não fazem qualquer sentido, e mesmo aquelas que consideram as pessoas que declaradamente "procuram emprego" se mostram pouco efetivas.

Os empreendedores individuais não são empregados, portanto, não estão empregados. Contudo, em todo o mundo, muitos delem auferem rendimentos mensais que superam consideravelmente os ganhos de trabalhadores formalmente contratados, em sua média.

Enquanto sindicatos e muitas entidades da mídia ainda enxergam alternativas como o MEI como uma "opção ao desemprego[2]", a verdade é que para a maioria dos empreendedores hoje em cena, o MEI e o trabalho como microempreendedor consistem numa opção "ao emprego".

Internet – o grande passo do microempreendedor

A *Internet* como ferramenta ao empreendedorismo, inicialmente, era vista apenas como uma vantagem para profissionais de nível superior atuando como autônomos. Suas possibilidades de divulgação e de venda de trabalho e serviços remotos eram limitadas, mas as redes sociais e mecanismos de busca com publicidade *on-line*, além de plataformas específicas, mudaram esse cenário.

Hoje, uma costureira pode montar uma loja *on-line* em questão de horas, mestres de obras podem anunciar seus serviços a milhares de pessoas com algumas centenas de reais de investimento, e páginas e *websites* de empresas criadas por pequenos empreendedores podem ser postas no ar em minutos.

O Google virou a grande plataforma de busca de serviços e produtos para todos. Não somente grandes lojas *on-line* agora fazem parte dos negócios digitalmente impulsionados: encanadores, pedreiros, vidraceiros, cabeleireiras, manicures, todos anunciam serviços e produtos *on-line* e angariam clientes com base na proximidade geográfica, faixas etárias, termos procurados e outros.

---

2 PRÜGL, Elisabeth; TINKER, Irene. *Microentrepreneurs and homeworkers: convergent categories*. World Development, 1997, 25.9: 1471-1482.

Sem tipologias empresariais como o MEI, a grande maioria desses empreendedores seguiria na informalidade – sem recolher impostos, sem acesso à previdência, sem possibilidades de atender alguns clientes que exigem comprovação de gastos e sem possibilidades de criar negócios que de fato teriam probabilidades de se tornar empresas, na real acepção da palavra.

Mais do que apenas divulgação, a *Internet* criou um campo no qual os limites da concorrência são inexistentes. Pequenos microempreendedores locais concorrem em pé de igualdade com grandes corporações. Ainda que não detenham poderio para lidar com concorrências no campo dos preços, conseguem a atenção dos clientes e fecham negócios que, para as grandes empresas, simplesmente passam despercebidos.

Qualquer microempreendedor pode fazer uso da *Internet* como caminho para a projeção do seu negócio e, para aqueles registrados e inscritos como MEI para a atuação no comércio de produtos, a abertura de lojas *on-line* tem se provado uma forma eficaz e barata de distribuir produtos e gerar renda.

A grande maioria das lojas *on-line* de pequeno porte legalizadas atualmente têm como proprietários empreendedores individuais. Em soma à constituição das lojas *on-line*, esses empreendedores utilizam todo tipo de ferramentas digitais para promover as próprias marcas e as vendas.

Num contexto no qual uma "loja" muitas vezes é algo que daria um porte e um corpo ao MEI capazes de desenquadrar o empreendedor dos benefícios dessa tipologia empresarial, as lojas *on-line* são um instrumento do "tamanho certo" para o microempreendedorismo.

Economia colaborativa e MEI – um casamento perfeito

Dentro e fora da *Internet*, um dos assuntos ligados ao empreendedorismo em maior discussão na atualidade é a questão da economia colaborativa.

Nesse sentido, as pessoas geralmente apreendem a atuação de aplicativos como o Uber ou 99taxis – com todos os elogios e críticas que tais sistemas podem possuir. A verdade é que as possibilidades para o MEI dentro da economia colaborativa são incontáveis e, a título de exemplo, é possível encontrar paralelos em outros mercados mais desenvolvidos.

O Airbnb, por exemplo, é um sistema no qual pessoas oferecem imóveis ou partes de imóveis, mesmo quando registrados em nome de pessoas físicas, para que usuários do aplicativo possam hospedar-se, mediante o pagamento de uma diária. O sistema efetua todo o processo de reservas e pagamentos, e o proprietário do imóvel ou locação remunera o sistema com uma comissão.

Claro que os governos já se ajustaram a essas novidades e, a exemplo do Uber, estabeleceram regras e disposições particulares. Nenhuma dessas regras, contudo, veda a participação de microempreendedores nesse mercado.

Em Portugal, para acomodar empreendedores proprietários de imóveis que vinham usando tais aplicativos para promover suas propriedades para o turismo, o governo criou o chamado "Alojamento Local". A pessoa que pretenda atuar nesse mercado colaborativo em Portugal precisa possuir uma atividade aberta nas Finanças (uma inscrição semelhante ao MEI) e efetuar *on-line* um pedido de registro para os imóveis que pretende alugar dentro das plataformas similares ao Airbnb.

A maioria dos países atualmente considera os proprietários de imóveis que listam vagas nesses *sites* como microempreendedores. E, desse modo, considera que estes não são "empresas" relacionadas ao turismo. O Reino Unido, a Alemanha, a Holanda e outros países restringem, por exemplo, o número de dias por ano que esses imóveis podem estar ocupados ou alugados dentro das plataformas colaborativas, ou mesmo o tempo máximo contínuo em que esses imóveis podem estar ocupados.

Uma coisa, entretanto, não se restringe em lugar nenhum: qualquer microempreendedor atuando em mercados da economia colaborativa não precisa atuar exclusivamente nesse mesmo mercado.

Relembrando o Uber – alguns países no mundo vêm considerando plataformas desse tipo como ilegais, outros restringindo seu escopo e atuação ou mesmo aplicando taxas e impostos específicos para os empreendedores que atuam nesses segmentos. Nenhum país do mundo, contudo, obriga um empreendedor a atuar de forma exclusiva em qualquer um desses segmentos. Em outras palavras: um mesmo microempreendedor pode, em tese, auferir lucros alugando parte de sua casa, obter ganhos como motorista em plataformas digitais, cobrar por refeições em sua casa usando aplicativos de experiências gastronômicas e ainda ter tempo de fazer algum dinheiro em um canal do YouTube ou promovendo produtos de lojas *on-line* como afiliado.

A economia colaborativa multiplicou as possibilidades de atuação do microempreendedor sem "amarrá-lo" a qualquer um dos segmentos, o que coube como uma luva em tipologias empresariais como o MEI.

O surgimento de diversos "novos segmentos" na economia colaborativa impulsionou regimes como o do MEI em praticamente todos os países do mundo. Alguns exemplos lembram claramente as vantagens do MEI, com algumas diferenças, a depender da legislação, tributação e seguridade social de cada país:

- Na Tailândia, os *sole traders*, ou empresários individuais, apenas declaram seus rendimentos no imposto de renda como pessoas físicas e estão isentos do recolhimento do "VAT" sobre suas vendas (o equivalente ao ICMS) até 1,8 milhão de bahts de faturamento (cerca de R$ 250 mil). Não há necessariamente um limite para o faturamento anual do empreendedor, mas, no caso tailandês, a empresa individual é uma sociedade de responsabilidade ilimitada, ou seja, dívidas do empreendedor como empresa podem afetar o seu patrimônio e ativos como pessoa física.

- Na maioria dos países europeus, há limites ao faturamento do empreendedor individual ou gatilhos que o obrigam a possuir ou não contabilidade organizada. Do mesmo modo, na maioria dos casos nos países da Europa, o empreendedor individual possui um registro empresarial de responsabilidade ilimitada.

- Nos Estados Unidos, o empreendedor que tenha uma atividade e não estabeleça qualquer outro registro empresarial é automaticamente qualificado como *sole proprietorship*. Novamente, o registro possui responsabilidade ilimitada. Apesar da atuação como autônomo ou empreendedor individual nos EUA ser uma das mais simples do mundo, há desvantagens em relação a outros mercados, mesmo se compararmos ao brasileiro. Os microempreendedores americanos precisam recolher o imposto de renda normalmente e, além disso, realizar declarações tributárias presumidas e pagar um imposto específico para a atuação como autônomo.

Rapidamente, no entanto, governos estão se adequando à economia colaborativa, para evitar que a proliferação dos novos segmentos de atuação crie uma maior informalidade. A tendência, de um modo geral, inclusive no caso brasileiro, é de que as figuras empresariais como o MEI sejam constantemente ajustadas para acomodar novas possibilidades que venham a surgir dentro da economia colaborativa – *on-line* ou *off-line*.

A verdade é que o MEI pode oferecer algumas vantagens dentro da economia colaborativa, mesmo nos casos em que a pessoa física poderia atuar no negócio sem um registro de CNPJ, como ocorre com o Airbnb.

A regulamentação da economia colaborativa tem passado em grande parte pela jurisdição da esfera municipal, o que cria um horizonte nebuloso e particular para cada área de atuação. O Airbnb, por exemplo, pode ser regido em parte pela Lei do Inquilinato. Por outro lado, prefeituras podem exigir registros específicos, cobrar taxas para tal e também imputar a cobrança do ISS sobre o serviço de aluguel por temporada. Por outro lado, se o empreendedor inscrito no MEI já realizou o pagamento do ISS devido através do DAS, é questionável a aplicabilidade do tributo novamente.

A economia colaborativa representa uma oportunidade para o MEI no sentido de criar novos mecanismos e evoluir as disposições iniciais desse tipo de empresa. Futuramente, por conta de sistemas colaborativos, poderemos ver o MEI evoluir para uma tipologia que admita maior faturamento, maior número de empregados ou isenções particulares de tributos, a depender de cada caso e setor analisados.

GUIA RÁPIDO DO MEI

O Microempreendedor Individual (MEI) é a pessoa que já trabalha por conta própria, ou o chamado "autônomo", que se legaliza como empresário e fatura até R$ 81.000,00 ao ano ou R$ 6.750,00 por mês.

O MEI surgiu em 2008 com possibilidade de registro do CNPJ (Cadastro Nacional de Pessoas Jurídicas) por meio da Lei Complementar nº 128/2008, que alterou a Lei Geral da Micro e Pequena Empresa (Lei Complementar nº 123/2006), com o objetivo de formalizar o pequeno empresário individual e o incluir na Previdência Social.

Ao fazer um CNPJ MEI, o empresário cumpre suas obrigações legais pagando imposto muito baixo; em contrapartida, poderá usufruir dos benefícios da Previdência Social após obedecer aos prazos de carência.

O MEI fica enquadrado no "Simples Nacional" e fica isento de tributos federais como Imposto de Renda, PIS (Programa de Integração Social), COFINS (Contribuição para o Financiamento da Seguridade Social), IPI (Imposto sobre Produtos Industrializados) e CSLL (Contribuição Social sobre o Lucro Líquido).

A formalização traz diversos benefícios, como emissão de nota fiscal eletrônica de produtos ou serviços, de acordo com a atividade, quando vende para outra empresa. Para o consumidor pessoa física, o MEI não é obrigado a emitir nota, a não ser que esse destinatário emita uma nota de entrada. MEI também está dispensado de emitir nota para vendas estaduais, a não ser que queira ou que seja solicitado pelo consumidor final.

A formalização do microempreendedor também permite abrir conta bancária como pessoa jurídica e obter empréstimos, com linha de crédito exclusiva para empresas. A conta empresarial dá a opção de trabalhar com maquininhas de crédito ou débito, e, dessa forma, oferecer mais opções de pagamento para os clientes e evitar calotes.

A conta pessoa jurídica é importante também para separar o dinheiro movimentado pelo negócio do pessoal, o que traz uma melhor gestão financeira da empresa.

O CNPJ MEI possibilita a contratação de um funcionário registrado de forma totalmente legalizada. E para os casos de afastamento legal do único empregado do

MEI, será permitida a contratação de outro empregado por prazo determinado, até que cessem as condições do afastamento, na forma estabelecida pelo Ministério do Trabalho e Emprego.

E como a contabilidade do CNPJ MEI é simples e descomplicada, pode ser feita pelo próprio empreendedor, o que representa uma economia importante com a dispensa de um contador.

Como abrir um MEI e mantê-lo

O processo do MEI é simples, rápido e feito pelo próprio dono do negócio pela *Internet* em menos de cinco minutos.

Antes de começar, é necessário ter em mãos os seguintes documentos e informações: RG, CPF, título de eleitor ou número do recibo da declaração de imposto de renda, dados de contato e endereço residencial. E seguir as etapas a seguir:

1. Acessar o *site* oficial www.portaldoempreendedor.gov.br e clicar em "Formalize-se". O usuário será direcionado direto para o *site* do Brasil Cidadão https://sso.acesso.gov.br para criar seu "Login Único" e ter acesso aos serviços públicos digitais. Nesta etapa, é necessário criar uma conta com dados pessoais e um *e-mail* válido.

2. Com o acesso pronto, voltar ao www.portaldoempreendedor.gov.br e clicar novamente em "Formalize-se".

3. Preencher com os dados pessoais, número do recibo do imposto de renda, se foi declarado, ou título de eleitor.

4. Seguir preenchendo e defina um nome fantasia para o negócio e um capital social estimado (estipulando aproximadamente os gastos para começar, como água, luz, material etc.). Vale lembrar que o nome fantasia não pode estar sendo usado por outra empresa. Para usar um nome livre, é só fazer uma consulta no *site* do Instituto Nacional da

Propriedade Industrial (INPI): www.inpi.gov.br. O nome fantasia vai ser impresso no cartão do CNPJ.

5. Definir a atividade econômica principal e, se desejar, a atividade secundária, previstas no Anexo XI, da Resolução CGSN nº 140, de 22 de maio de 2018, o qual relaciona todas as atividades permitidas ao MEI. É permitida a inclusão de uma atividade principal e de até outras 15 atividades secundárias.

6. Informar onde o negócio será realizado.

Quando o preenchimento for concluído, o *site* vai gerar automaticamente o Certificado de Condição de Microempreendedor Individual (CCMEI) com o CNPJ e todas as informações que comprovam a existência da empresa. É importante salvar no computador e imprimir uma cópia.

A partir daí, o empreendedor pode começar a trabalhar normalmente, comprar com o CNPJ, vender, abrir conta bancária de pessoa jurídica.

Alvarás de funcionamento

Antes de se formalizar, o empreendedor deve consultar a prefeitura do seu município para saber se sua atividade pode ser exercida no local escolhido e para conhecer outras obrigações básicas a serem cumpridas.

Por exemplo, quem quer abrir um restaurante ou trabalhar na área da saúde, precisa obter as certificações quem comprovem higiene e segurança.

Além do CNPJ, a inscrição no Portal do Empreendedor gera inscrições na Junta Comercial, no INSS (Instituto Nacional do Seguro Social) e ainda libera um Alvará de Funcionamento Provisório para atividades de baixo risco.

É de responsabilidade do microempreendedor consultar as normas municipais para saber se existe ou não restrição para exercer a sua atividade no local escolhido, além de outras obrigações básicas a serem cumpridas.

A concessão do Alvará de Localização e Funcionamento é de responsabilidade das prefeituras e deve ser realizada em até 180 dias após a formalização do MEI, sob pena de conversão do alvará provisório em definitivo.

Segundo a Lei Complementar nº 123/2006 e suas alterações posteriores, § 3º do artigo 4º, as prefeituras e demais órgãos municipais, responsáveis pela emissão dos licenciamentos, deverão oferecer procedimento simplificado para abertura, registro, alteração e baixa. Além disso, não poderão cobrar qualquer taxa ou emolumento para concessão ou renovação de Alvarás ou Licenças e Cadastros para MEI.

Aquele MEI que não seja fiel ao cumprimento das normas estará sujeito a multas, apreensões, fechamento do empreendimento e cancelamento do registro.

O MEI poderá utilizar sua residência como sede do estabelecimento, quando não for indispensável a existência de local próprio para o exercício da atividade.

Obrigações do MEI

O MEI, em comparação com outras tipologias empresariais, possui uma agenda bastante simples. Contudo, falhar na sua manutenção pode implicar na suspensão do CNPJ e da operação sob o regime. A primeira das obrigações tem a ver com a recolha dos impostos e contribuições – tudo feito por meio de uma única guia, o DAS.

O Documento de Arrecadação do Simples Nacional (DAS) tem a finalidade de recolhimento das contribuições ao INSS (Instituto Nacional do Seguro Social), ISS (Imposto Sobre Serviços de Qualquer Natureza) e/ou ICMS (Imposto sobre Circulação de Mercadorias e Serviços). Os valores que compõem o imposto variam de acordo com a atividade comercial.

- Comércio e Indústria: R$ 1,00 (ICMS) + R$ 55,00 (INSS) = R$ 56,00;
- Serviços: R$ 5,00 (ISS) + R$ 55,00 (INSS) = R$ 60,00;
- Comércio e serviços: R$ 6,00 (ICMS+ISS) + R$ 55,00 (INSS) = R$ 61,00*.

*Fonte: https://www.jornalcontabil.com.br/confira-os-novos-valores-do-das-mei-2021/

O valor desse documento de arrecadação é atualizado anualmente, juntamente com o salário mínimo. A DASN-SIMEI deve ser paga no dia 20 de cada mês e essa data é igual para todos, e não é possível alterá-la.

O não pagamento pode levar ao cancelamento automático do CNPJ e consequentemente o empreendedor passa a ter uma dívida no CPF. É por meio desse imposto que o empreendedor contribui para sua Previdência Social e poderá usufruir de salário-maternidade, auxílio-doença, auxílio-reclusão e pensão por morte.

A agenda do MEI ainda necessita da apresentação de uma declaração anual, como ocorre com outras empresas e mesmo pessoas físicas, no advento da declaração do imposto de renda (IR).

O MEI deve prestar contas para a Receita Federal por meio da Declaração Anual do Simples Nacional (DASN-SIMEI). Mesmo que não tenha faturado nada, precisa fazer a declaração anual. A entrega deve ser feita até o dia 31 de maio, relativa ao exercício do ano anterior. O MEI deve informar três itens na Declaração Anual:

• A receita bruta total recebida no ano anterior;

• A receita referente à venda de produtos e/ou serviços;

• Se teve empregado registrado no período.

Independentemente de ter emitido nota fiscal, o empreendedor deve anotar (preferencialmente em uma planilha no computador ou celular) tudo o que recebeu e somar todo mês. A declaração deve ser do valor bruto da entrada, sem nenhum tipo de desconto.

Se a soma das entradas passar dos R$ 81.000,00 ao ano ou R$ 6.750,00 por mês, a empresa deixa de ser MEI e passa a ser uma microempresa; a partir daí deve mudar sua documentação para se enquadrar em outra categoria.

O MEI que não entregar sua declaração até dia 31 de maio deve pagar uma multa de R$ 50,00. Se a multa for paga até a data do vencimento, cai para metade do valor. Para manter o CNPJ ativo, a declaração deve ser feita obrigatoriamente todos os anos.

Previdência Social e MEI – empresário com vantagens de empregado

Uma das principais inovações "empresariais" trazidas com o MEI é a facilidade com que o empreendedor é capaz de garantir acesso mínimo à segurança social. Claro, gestores e sócios que atuam recebendo pró-labore em empresas tradicionais também têm essa possibilidade, mas precisam recolher contribuições à previdência por meio de uma guia específica, obedecendo à lógica de descontos em folha dos demais empregados, porém realizando sua contribuição à parte. Em outras palavras: é mais complicado.

O MEI utiliza o mesmo DAS (a guia citada antes) para contribuir com a previdência, e ao se formalizar, o MEI passa a ter cobertura previdenciária para si e seus dependentes, com os seguintes benefícios:

- Aposentadoria por idade: observando as idades para homem e mulher e o tempo mínimo de contribuição, de acordo com as determinações da Lei Nº 8.213/1991 do Regime Geral de Previdência Social.

- Auxílio-doença e aposentadoria por invalidez: são necessários 12 meses de contribuição, a contar do primeiro pagamento em dia; em casos de acidente de qualquer natureza ou se houver acometimento de alguma das doenças especificadas em lei, independe de carência a concessão desses dois benefícios.

- Salário-maternidade: são necessários 10 meses de contribuição, a contar do primeiro pagamento em dia.

Os benefícios garantidos com o recolhimento incluído no DAS ainda se estendem aos dependentes do microempreendedor, que podem obter pensão por morte e auxílio-reclusão: esses dois benefícios têm duração variável, conforme a idade e o tipo do beneficiário.

Nesses casos, os benefícios têm duração de 4 meses a contar da data do óbito para o cônjuge: se o óbito ocorrer sem que o segurado tenha realizado 18 contribuições mensais à Previdência ou; se o casamento ou união estável tenha iniciado há menos de 2 anos antes do falecimento do segurado.

Se o segurado MEI recolheu mais de 18 contribuições mensais, e conta pelo menos 2 anos após o início do casamento ou da união estável, o dependente do MEI tem acesso aos benefícios conforme a seguinte tabela.

Idade do cônjuge na data do óbito	Duração máxima do benefício
Menos de 21 anos	3 anos
Entre 21 e 26 anos	6 anos
Entre 27 e 29 anos	10 anos
Entre 30 e 40 anos	15 anos
Entre 41 e 43 anos	20 anos
A partir de 44 anos	Vitalício

Tabela 1 - Pensões para dependentes do empreendedor individual.

Para os benefícios que exigem carência mínima (quantidade de contribuições), as contribuições não precisam ser seguidas, desde que o segurado não fique muito tempo sem contribuir, ou seja, não ocorra a perda da qualidade de segurado entre as contribuições. O MEI mantém a qualidade de segurado (vínculo com a Previdência Social, e direito aos seus benefícios), em regra, até 12 meses após a última contribuição.

100 PERGUNTAS E RESPOSTAS SOBRE MEI

O microempreendedor individual é hoje uma camada inteira da população economicamente ativa. Sua atuação saiu da informalidade, mas o seu cunho empresarial completo ainda prescinde de um aspecto muito importante: informação.

Os MEIs são desobrigados de despesas com contadores e advogados que são impostas a outras tipologias empresariais. Se isso por um lado representa uma grande vitória, por outro cria um cenário de falta de informação para o empreendedor autônomo.

Especificidades fiscais, tributárias, legais e comerciais, ou mesmo de gestão, não são colocadas de modo acessível para esses empreendedores. Com isso em mente, separamos 100 perguntas e alocamos as respectivas respostas, em quatro áreas que causam grandes problemas ao trabalhador que busca uma atuação como MEI:

- Tributação e aspectos fiscais;
- Previdência e suporte social e governamental;
- Contabilidade e aspectos financeiros;
- Gestão e dia a dia.

Essas 100 perguntas representam, de modo resumido, todo tipo de ferramenta que pode impulsionar e livrar de problemas o estabelecimento de um negócio individual com o uso do MEI.

Tributação e aspectos fiscais no MEI

A incidência de impostos e a agenda fiscal do MEI são idealizados para facilitar a vida do empreendedor. Sim, é muito mais simples do que manter uma empresa tradicional em dia com o Fisco, porém não necessariamente óbvio e automático. Mas aqui vão as respostas para as principais dúvidas e particularidades nesse campo.

1 Quais os impostos que devem ser pagos pelo MEI?

O MEI recolhe os impostos mensalmente por meio de uma única guia, o DAS, mas isso não significa que esteja pagando apenas um único imposto. Essa guia não apenas recolhe os impostos – a maior parte dela destina-se ao pagamento do INSS, a segurança social do empreendedor, cujos detalhes veremos em outro tópico.

Além do INSS, a guia do DAS inclui o pagamento de R$ 5,00 de Imposto Sobre Serviços de Qualquer Natureza (ISS) para o município onde atua, e a depender do tipo de atividade. R$ 1,00 de Imposto sobre a Circulação de Mercadorias e Serviços (ICMS) para o Estado no qual atua.

2 Existe um dia certo para recolher os impostos?

Sim. A guia do DAS precisa ser recolhida mensalmente pelo empreendedor, até o dia 20 de cada mês. Exceto por meses nos quais o dia 20 caia em um fim de semana ou feriado (assim sendo, o vencimento limite passa ao dia útil imediatamente seguinte), essa data precisa ser respeitada.

3. A quais impostos o MEI não está sujeito, mas incidem sobre empresas tradicionais?

O MEI está isento de uma série de impostos que são aplicáveis a qualquer outra tipologia empresarial. Esses impostos, conforme natureza da empresa, incluem o Imposto de Renda da Pessoa Jurídica (IRPJ), o Imposto sobre Produtos Industrializados (IPI), a Contribuição Social sobre o Lucro Líquido (CSLL), a Contribuição para o Financiamento da Seguridade Social (Cofins) e o Programa de Integração Social (PIS), além do INSS patronal.

4 Então o MEI apenas paga os impostos nos DAS?

Não. O MEI, a depender do tipo de negócio e das operações realizadas pelo empreendedor, ainda pode estar sujeito a uma série de impostos e contribuições:

- Imposto sobre Operações Financeiras (IOF);
- Imposto sobre a Importação de Produtos Estrangeiros (II);
- Imposto Territorial Rural (ITR);
- Imposto de Renda retido na fonte, para rendimentos ou ganhos em aplicações financeiras e ganhos de capital na alienação de bens do ativo permanente;
- Contribuições ao FGTS;
- INSS relativo ao próprio empreendedor e ao pagamento de terceiros;
- Imposto de Renda retido em operações de crédito;
- PIS, Cofins e IPI incidentes na importação de serviços;
- ICMS e ISS que possam ser cobrados separadamente.

5. Que tipo de impostos o MEI paga ao importar serviços ou produtos?

Um MEI pode importar produtos e serviços como qualquer outra empresa. Contudo, nessas circunstâncias, o empreendedor incorrerá em todos os impostos que são devidos por qualquer outra empresa. Deve-se o II, PIS, Confins, IPI (se aplicável) e incide ICMS por ocasião do desembaraço aduaneiro e, quando importação de serviço, também o ISS correspondente.

6. Se o MEI tiver um funcionário, que outros impostos precisa recolher?

Em tese, não se agregam novos impostos a um MEI que possua um empregado. Contudo, o empreendedor individual deve recolher as contribuições à previdência relacionadas a esse funcionário, bem como depositar o FGTS legalmente exigido.

7 Não é devido PIS quando o MEI possui um empregado?

Não. Os trabalhadores empregados por um MEI ainda têm direito ao PIS, desde que estejam também trabalhando ou tenham trabalhado em outra empresa que contribua para o PIS. O MEI não constitui necessariamente uma "exceção" ao pagamento de PIS – qualquer outra empresa abrangida pelo Simples Nacional com faturamento anual abaixo de R$ 240 mil também possui alíquota zero no que se refere à incidência do PIS, bem como de outros impostos, como o IRPJ e a CSLL.

8 Há alguma outra guia a recolher além do DAS?

Embora não haja mais guias de recolhimento de impostos devidos pelo MEI, o empreendedor individual precisa, antes do dia 31 de maio de cada ano, entregar a sua Declaração Anual do Simples, a DASN-SIMEI, relativa aos ganhos do ano anterior. Essa guia não implica no pagamento de impostos, mas atrasos na declaração podem gerar a cobrança de multas.

9. É possível realizar a importação de bens como MEI?

Sim. O CNPJ do MEI possui validade como o de qualquer outra empresa. Assim sendo, o MEI pode realizar importações e ser tributado de acordo, porém tem as mesmas obrigações e deve seguir os mesmos procedimentos para importação aos quais as demais empresas estão sujeitas.

10 Há limitações em relação ao valor dessas importações?

Em tese, não há limitações. O que ocorre na importação por meio de um CNPJ é que empresas, o MEI incluído, precisam possuir um cadastro no sistema do RADAR. A sigla corresponde ao Registro e Rastreamento da Atuação dos Intervenientes Aduaneiros, que vai possibilitar o acesso da empresa ao Sistema de Comércio Exterior (Siscomex), da Receita Federal.

É obrigatório ter o cadastro no RADAR para conseguir acesso ao Siscomex e realizar importações acima de US$ 3.000,00.

11 O MEI pode usar seu CNPJ para adquirir veículos com desconto por isenção tributária?

Sim. Como outras empresas, o empreendedor que atua como MEI pode adquirir veículos de montadoras com uma série de vantagens tributárias. As montadoras, ao vender veículos para empresas, concedem descontos decorrentes da menor incidência do ICMS. É recomendável pesquisar com a montadora escolhida se há política de vendas diferenciadas para empresas. Não há um percentual previamente estipulado para o desconto, o valor pode ir de 2,5% a 30%.

12 Que restrições e regras aplicam-se à compra do veículo com desconto no ICMS?

O MEI pode adquirir o veículo com desconto, mas comprando um carro desse modo está sujeito às restrições aplicáveis a outras empresas que adquiram veículos para suas frotas. Os descontos para a compra com CNPJ valem apenas para carros zero quilômetro. Além disso, o proprietário deverá permanecer com o veículo por pelo menos 12 meses. Isso significa que não será possível fazer dessa negociação um modelo de negócios. A regra foi estipulada pelo Conselho Nacional de Política Fazendária e o desrespeito a esse prazo implica na devolução da isenção do ICMS, de acordo com o Convênio ICMS 67/18.

13 O MEI pode parcelar as suas dívidas fiscais?

Sim. O documento que recolhe os tributos principais aplicáveis ao MEI, o DAS, pode ser negociado em caso de atrasos. Os MEIs que têm boletos mensais em aberto podem parcelar os seus débitos. O Refis das MPE (Pert-SN), disciplinado pela Instrução Normativa 1808/2018, permitia que as dívidas apuradas na forma do Simples Nacional ou do Simei, vencidas até 29 de dezembro de 2017, fossem renegociadas em condições especiais, o que seguiu em voga nos anos seguintes:

- Parcelamento convencional;
- Parcelamento especial.

14 Como ocorre o parcelamento convencional das dívidas com o DAS?

O parcelamento convencional permite o parcelamento de todos os débitos declarados na DASN-SIMEI (INSS, ISS e ICMS) em até 60 parcelas mensais e prestação mínima de R$ 50,00. Não há prazos para adesão a esse regime, porém apenas os boletos referentes ao ano anterior à adesão podem ser parcelados – e não os débitos do ano corrente.

15 O empreendedor pode ter as dívidas tributárias do MEI imputadas para si?

Apesar de ser, em tese, uma sociedade de responsabilidade limitada, jurisprudências existentes podem transferir responsabilidades dos valores em dívida ativa para a pessoa do empresário, como corresponsável. Existem três possibilidades de redirecionamento do corresponsável no processo de execução fiscal: quando o nome do sócio já constar na Certidão de Dívida Ativa (CDA), ou no caso da Súmula 435 do STJ, ou do art. 1355, III, do CTN.

16 O MEI pode ser acionado na Justiça Trabalhista?

Sim. Caso o MEI esteja utilizando a sua prerrogativa de contratação de um funcionário, esse trabalhador poderá apresentar a qualquer momento uma reclamação à Justiça Trabalhista, como ocorre com qualquer outra empresa. O horizonte dos seus direitos trabalhistas não se modifica e o MEI responde como pessoa jurídica, mas pode ter também os seus bens pessoais acionados, em casos extremos.

17. E se o MEI possui mais de um funcionário por vias informais?

A exemplo do ocorrido com outras tipologias empresariais, essa prática constitui ilegalidade. Os trabalhadores contratados de maneira informal poderão, a qualquer momento, acionar a Justiça Trabalhista. Além de todos os valores a serem pagos relacionados à ação trabalhista, a descoberta desse tipo de ilicitude pode fazer com que a sua empresa seja obrigada a se desenquadrar do MEI, tendo que migrar para a modalidade seguinte, a de Microempresa (ME). Essa mudança pode acarretar ainda no pagamento de impostos retroativos.

18 Há como manter o pagamento do DAS em débito automático?

Sim. A responsabilidade de controle sobre a dedução do valor em conta segue sendo do MEI. Para aderir ao débito automático, o empreendedor precisa selecionar essa opção no sistema do SIMEI (Simei Serviços > Débito Automático), e preencher com o CNPJ, o CPF e o código de acesso.

19 É possível antecipar o pagamento dos DAS futuros?

Sim, o empreendedor pode recolher o valor de mais de um DAS ou de várias guias futuras, modificando o período de apuração da guia. Não é possível, entretanto, selecionar vários documentos e guias de DAS de uma só vez para pagamento.

20 É possível solicitar a restituição dos valores pagos indevidamente através do DAS?

Sim. A restituição da contribuição previdenciária (INSS), recolhida em DAS, é solicitada por meio do aplicativo Pedido Eletrônico de Restituição, disponível no portal do Simples Nacional, no menu Simei-Serviços ou no portal e-CAC da RFB.

A restituição do ICMS e do ISS deverá ser solicitada, respectivamente, junto ao Estado/DF e município, de acordo com as orientações de cada ente federado.

21 Há diferimento nos valores do IPTU para empreendedores que formalizam a sua própria residência para uso como sede do seu negócio?

Não. As prefeituras, conforme o disposto na Lei Complementar nº 123, de 2006, não podem "ajustar" valores de IPTU com base no uso do imóvel pelo MEI para fins empresariais, conforme o Artigo 18-D da lei citada: "A tributação municipal do imposto sobre imóveis prediais urbanos deverá assegurar tratamento mais favorecido ao MEI para realização de sua atividade no mesmo local em que residir, mediante aplicação da menor alíquota vigente para aquela localidade, seja residencial ou comercial, nos termos da lei, sem prejuízo de eventual isenção ou imunidade existente".

22 O que ocorre quando um MEI presta serviços para o qual não é autorizado?

O MEI só pode prestar serviços ou realizar atividades permitidas pelos CNAE que o seu CNPJ acolhe. Quando empresas contratam um MEI que realiza serviços que não estejam enquadrados nas suas atividades – ou além, que não sejam permitidos a um MEI – os contratantes serão obrigados a tratar a operação como remuneração a contribuinte individual pessoa física, o que irá onerá-los bastante, inclusive pela responsabilização dos tributos não retidos na fonte. O serviço ainda poderá ser prestado e pago, porém o trâmite se dará por meio de RPAs – tanto o empreendedor quanto o contratante irão incorrer em custos adicionais, incluindo INSS, impostos e encargos trabalhistas, quando aplicáveis.

23 Se o MEI recebe guias do DAS ou similares pelo correio ou por e-mail, deve pagar os documentos?

Não. Os boletos não chegam pelos Correios. O único pagamento que o MEI deve fazer é o do Documento de Arrecadação Simplificada (DAS), emitido exclusivamente pelo Portal do Empreendedor desde 2016. O mesmo se aplica a qualquer documento que seja enviado ao empreendedor por *e-mail* ou outros meios digitais. A Receita Federal não manda mensagens via *e-mail* sem o consentimento de contribuintes nem autoriza terceiros a fazê-lo em seu nome. A única forma de comunicação eletrônica com o contribuinte é por meio do Centro Virtual de Atendimento ao Contribuinte (e-CAC), localizado no portal da instituição.

24. As condições relacionadas ao MEI, sob o aspecto fiscal, podem ser modificadas?

Sim. As disposições legais relacionadas ao contexto empresarial podem ser modificadas por intermédio de leis complementares ou emendas à lei em vigor. Contudo, modificações dessa natureza apenas poderão, no caso do MEI, ocorrer em âmbito federal, nunca estadual, municipal ou autárquico.

25 De quanto em quanto tempo os valores das contribuições do DAS são atualizados?

Não há, por lei, um calendário específico para atualização ou revisão dos valores pagos através do DAS pelo empreendedor. As mudanças que venham a ocorrer nesse sentido, a exemplo daquelas relacionadas à pergunta anterior, precisam acontecer por meio de emendas ou substituições da lei em vigor e sempre em âmbito federal.

Previdência e suporte ao MEI

Muitos trabalhadores que pensam em migrar para o MEI se sentem inseguros em relação aos benefícios previdenciários dessa forma de atuar. Há dúvidas que precisam ser sanadas nesse campo, além de dúvidas relacionadas a outras formas de apoio social e governamental, e também do uso de sistemas de previdência complementar.

26 O MEI tem direito à previdência?

O DAS, a guia de recolhimento mensal do MEI, consiste em grande parte à contribuição que o microempreendedor realiza ao sistema do INSS. Portanto, tem direito a uma série de benefícios da Previdência Social, a exemplo de qualquer outro tipo de trabalhador ou empresário abrangido pelo INSS.

27 Quais são os benefícios previdenciários do MEI?

O MEI usufrui de uma série de benefícios a partir da sua contribuição mensal, por meio do DAS, embora não tenha toda a cobertura dos trabalhadores com carteira assinada. Em resumo, os direitos compreendem:

- Aposentadoria por idade;
- Auxílio-doença e aposentadoria por invalidez;
- Salário-maternidade.

28 Os dependentes do MEI têm algum benefício por conta da sua contribuição?

Sim. Os dependentes do MEI podem receber pensão por morte ou auxílio-reclusão segundo alguns critérios, desde que o empresário esteja em dia com os seus pagamentos até o evento que gerou a cobertura.

29 O benefício do MEI em termos do INSS está sempre limitado a um salário-mínimo, no máximo?

Não. Na verdade, o cálculo é feito com a soma das contribuições do empreendedor a partir de julho de 1994. Assim sendo, os auxílios e pensões podem superar a barreira de um salário – embora estejam restritos a isso caso o empreendedor apenas possua tempo de contribuição como MEI.

30 Quais são as idades de aposentadoria para o empreendedor?

Como ocorre na tabela de aposentadoria por idade dos demais trabalhadores, para o MEI há idades diferentes para requisição da aposentadoria conforme o sexo. Para a mulher aos 60 anos e para o homem aos 65, observada a carência, que é tempo mínimo de contribuição de 180 meses, a contar do primeiro pagamento.

31. No auxílio-doença e a na aposentadoria por invalidez, há um tempo mínimo de contribuição aplicável?

Sim, são necessários 12 meses de contribuição, a contar do primeiro pagamento em ambos os casos (não apenas como MEI).

32 MEI pode ter previdência privada?

Qualquer pessoa física pode possuir um plano de previdência privada. O MEI em si, como pessoa jurídica, não é sujeito de um plano de previdência privada, porém o empreendedor como pessoa física pode contratar planos de previdência, como PGBL e VGBL.

33 O MEI precisa pagar IR sobre os planos de previdência privada?

O MEI não recolhe IR sobre os planos de previdência privada, porque o beneficiário não é a pessoa jurídica, mas sim o empresário como pessoa física. Ao declarar os planos de previdência na sua declaração de renda de pessoa física, o empreendedor pode fazer uso dos mecanismos específicos de incidência e restituição referentes a cada tipo de previdência privada.

34 O MEI tem direito a férias?

O MEI é um empresário que vive do seu próprio trabalho. Como tal, não é um trabalhador contratado e, portanto, não possui direito a férias nos moldes da CLT ou de outros regimes trabalhistas. O empreendedor pode, claro, organizar suas próprias férias, porém lembrando que, no caso de algumas atividades desempenhadas pelo empresário na condição de MEI, tal interrupção significa nenhuma remuneração pelo período de pausa.

35 O funcionário do MEI tem direito a férias?

O funcionário de um MEI (essa modalidade de empresa pode contratar apenas um único por vez) tem direito a férias remuneradas como qualquer outro trabalhador regido pela CLT. O MEI precisa aplicar todos os direitos relacionados a férias e folgas semanais, inclusive o pagamento do um terço de férias e o pagamento de proporcional de férias na eventualidade do desligamento do funcionário.

36 Como funciona o auxílio-maternidade para a empreendedora que opera como MEI?

As empreendedoras individuais que atuam como MEI têm direito ao salário-maternidade. Para tanto, devem ter contribuído através do DAS por pelo menos 10 meses. O salário-maternidade vale para nascimento, adoção e aborto espontâneo. Com exceção do aborto, o benefício é pago por 120 dias (4 meses), totalizando 4 salários mínimos.

37. As normas de segurança e saúde no trabalho se aplicam às empresas sob o regime do MEI?

Sim, aplicam-se a toda e qualquer empresa dentro do determinado pelas Normas Regulamentadoras (NR). As responsabilidades e obrigações, como ocorrem com empresas de outras tipologias, dependerão geralmente da área de atuação e tipo de operação do MEI.

38. O MEI precisa possuir um designado da CIPA?

A CIPA, Comissão Interna de Prevenção de Acidentes, aplica-se a toda e qualquer empresa que possua funcionários, como determinado pela NR 05. Em se tratando de empresa com menos de 20 funcionários, as atribuições da CIPA serão exercidas por um funcionário designado pelo empregador. O MEI pode contratar, no máximo, um único funcionário.

Embora esse número seja mínimo, o MEI precisa ter designado da CIPA para cumprir a NR 05, o qual será o próprio trabalhador contratado, haja vista a existência de um único funcionário. Sendo assim, o MEI só não precisa ter designado da CIPA quando não usufruir o seu direito de contratação de empregado, ou seja, quando exercer sua atividade empresarial sozinho.

39 Quais os custos associados à contratação de um funcionário para o MEI?

Empregar um funcionário, para o MEI, irá levar a custos, como em todas as demais empresas. Os valores podem sofrer alterações caso o piso salarial da categoria profissional seja superior ao salário-mínimo. Como exemplo, para salário igual ao valor do salário mínimo, o custo previdenciário, recolhido em GPS (Guia da Previdência Social), é de R$ 114,95 (correspondentes a 11% do salário mínimo vigente), sendo R$ 31,35 (3% do salário mínimo) de responsabilidade do empregador (MEI) e R$ 83,60 (8% ou conforme tabela de contribuição mensal ao INSS descontado do empregado). A alíquota de 3% a cargo do empregador não se altera.

Além do encargo previdenciário de 3% de responsabilidade do empregador, o MEI também deve depositar o FGTS, calculado à alíquota de 8% sobre o salário do empregado. Sendo assim, o custo total da contratação de um empregado pelo MEI é de 11% sobre o valor total da folha de salários (3% de INSS mais 8% de FGTS).

40 O MEI que contrata um funcionário precisa entregar a guia do FGTS?

Sim. Caso tenha um empregado, o MEI deve recolher mensalmente o FGTS com alíquota de 8% sobre o valor do salário pago, preencher e entregar a Guia de Recolhimento do FGTS e Informações à Previdência Social (GFIP) à Caixa Econômica Federal até o dia 7 do mês seguinte àquele em que a remuneração foi paga.

41 Aposentados podem abrir um MEI?

Sim, e continuam a receber normalmente o seu benefício, a despeito dos proventos que possam gerar com as suas atividades como empresários individuais. Os benefícios de aposentadoria não são reduzidos por conta do trabalho exercido pelo indivíduo.

42 E no caso da aposentadoria por invalidez?

Nesse caso especificamente, o beneficiário da aposentadoria por invalidez precisará primeiramente abrir mão do seu benefício, para que então possa atuar como empreendedor individual. A razão está no próprio fato gerador do benefício da aposentadoria: a incapacidade de trabalho.

Quando o aposentado por invalidez se propõe a atuar como MEI, comprova para fins legais a sua capacidade para o trabalho, demonstrando que não estava total ou parcialmente incapacitado. Caso o empreendedor persista com a aposentadoria, poderá ser processado por crime de fraude e ter de devolver o dinheiro para a Previdência Social.

43 Alguém que seja beneficiário de uma pensão por morte de familiar pode atuar como MEI?

Sim e, novamente, não verá afetado o seu benefício de qualquer modo. O direito decorrente da morte do familiar não constitui qualquer impeditivo para a atividade do beneficiário e, do mesmo modo que pode trabalhar ou tomar parte em qualquer tipo de sociedade, esse beneficiário pode também atuar como MEI.

44 Um desempregado que vira um MEI continua a receber o seu seguro-desemprego?

A lei é obscura nesse aspecto e jurisprudências já admitem exceções. Em tese, a atuação como MEI desqualificaria o trabalhador a prosseguir com o recebimento do benefício concedido, contudo, jurisprudências apontam que, caso o MEI não venha a auferir um salário-mínimo mensal ou mais durante o período de vigência do seguro-desemprego, tem direito ao recebimento do benefício.

45
Uma pessoa de 60 anos, que nunca contribuiu para o INSS, e se registra como MEI. Como é necessário ter 180 contribuições mensais, isso significa que só poderá se aposentar por idade aos 75 anos?

Sim. A aposentadoria por idade exige, além da idade mínima, 180 contribuições mensais. É importante saber que existem casos em que o trabalhador teve vínculo empregatício no passado, momento em que o empregador fez o recolhimento em nome do trabalhador. Ligue para Central da Previdência Social, número 135, ou verifique sua carteira de trabalho, para saber se há registro de contribuição previdenciária antiga.

46. Como o MEI faz para solicitar o auxílio-doença?

O auxílio-doença (para o próprio MEI) poderá ser solicitado a partir do primeiro dia em que o MEI ficar incapacitado de exercer suas atividades. O pagamento será devido a contar da data do início da incapacidade, quando requerido em até 30 dias do afastamento.

Para requerer qualquer benefício perante o INSS/Previdência Social, o segurado deve ligar para o número 135 para agendar seu atendimento, eletronicamente através da página da Previdência Social na *Internet*, ou em qualquer agência do INSS/Previdência Social.

47 O empreendedor individual é obrigado a associar-se a sindicatos ou entidades de classe?

Não. Não existe qualquer obrigatoriedade de filiação a entidades classistas por parte do MEI, seja qual for a sua atividade. Qualquer sindicato, associação ou instituição que argumente que o empreendedor PRECISA filiar-se incorre em uma falta grave. O que pode ocorrer, a depender da profissão e formação do empreendedor como profissional, é a necessidade de que esse tenha de aderir a alguma ordem ou conselho para exercer a sua atividade, tal como ocorre com advogados, contadores, engenheiros e médicos. Entretanto, muitas dessas atividades sequer podem atuar como MEI, conforme o disposto em lei.

O § 19-B do artigo 18-A da Lei Complementar nº 123 especifica a irregularidade de cobranças nesse sentido: "São vedadas aos conselhos profissionais, sob pena de responsabilidade, a exigência de inscrição e a execução de qualquer tipo de ação fiscalizadora quando a ocupação do MEI não exigir registro profissional da pessoa física".

48 Um MEI precisa prestar informações ao e-Social?

O e-Social – Sistema de Escrituração Digital das Obrigações Fiscais, Previdenciárias e Trabalhistas – é um projeto que vai unificar a prestação de informações pelos empregadores em relação aos seus trabalhadores (como cadastramento, vínculos, contribuições previdenciárias e folha de pagamento, entre outros), gerido pela Caixa, INSS, Secretaria Especial de Previdência e Trabalho e Receita Federal do Brasil.

As empresas que possuem funcionários são obrigadas a prestar informações a esse sistema. O MEI que possui funcionário registrado deve prestar essas informações do mesmo modo que qualquer outra empresa. O MEI que não possui empregado contratado, no entanto, não precisa prestar informações.

49 As informações ao e-Social podem ser fornecidas pelo contador do MEI?

Sim, caso o MEI possua contador, ele poderá lidar com as informações do e-Social. Para isso, contudo, o contador precisará de procuração eletrônica para prestar as informações em nome do MEI. A procuração eletrônica pode ser cadastrada gratuitamente no eCAC da Receita Federal. O cadastro é feito *on-line*.

50 O que é o CredMEI?

A dificuldade de acesso a alguns produtos financeiros empresariais por parte do empreendedor individual levou à criação do CredMEI, um programa do governo federal que busca simplificar o processo de obtenção de produtos e serviços financeiros junto aos bancos em operação no país. É um programa de desburocratização da relação entre o microempreendedor individual e o sistema bancário.

Por meio do CREDMEI, o empreendedor pode entrar em contato e realizar solicitações para diversas instituições financeiras simultaneamente, usando apenas o seu computador ou *smartphone*. O empreendedor apenas precisará ir ao banco para realizar a assinatura de um contrato, caso receba alguma proposta compatível com suas necessidades.

Mas atenção: o CredMEI é um programa gratuito, que não implica na cobrança de qualquer taxa ou contribuição. Qualquer afirmação em contrário é enganosa. Do mesmo modo, o CredMEI é um programa de facilitação aos serviços bancários e não de concessão de crédito – o CredMEI não efetua empréstimos ao empresário.

Contabilidade e aspectos financeiros ligados ao MEI

O microempresário tem, em geral, um certo medo dos aspectos financeiros e contábeis que cercam a gestão de uma empresa. O primeiro alívio por parte do MEI é a desobrigação em custear um contador. Ainda que essa seja, em termos de gastos, uma boa notícia, significa que o empreendedor precisa lidar sozinho com a vida financeira e os números do seu negócio. Nesse cenário, perguntas não faltam.

51 O MEI precisa, afinal, de um contador?

Não. Na Lei nº 128/2008, que trata das questões referentes ao Microempreendedor Individual, não há nada que obrigue o MEI a contratar uma contabilidade ou a manutenção de um contador por parte de empresas que não ultrapassem R$ 81.000,00 de faturamento anual, já que os impostos poderão ser recolhidos em valores fixos e mensais a partir de uma declaração de faturamento, através do Simples Nacional.

52 O que é o CNAE e qual a sua importância para o MEI?

O chamado CNAE é um código, com a descrição de atividade específica, da Classificação Nacional de Atividades Econômicas. Há códigos específicos que categorizam ocupações e atividades por item e subitem. O empreendedor que atua como MEI precisa declarar sob quais CNAE irá atuar – e o número descrito irá indicar se o empresário pode ou não usufruir do regime do MEI, assim como indicará se a atividade escolhida obrigará ou não o acréscimo do ICMS no valor pago mensalmente através do DAS.

53 Profissão e atividade – qual a diferença?

Muitos empreendedores têm dificuldade em localizar o CNAE "certo" na hora de iniciar os seus negócios. Hoje em dia, além de dispor de listas de CNAEs cujas atuações como MEI são permitidas, é possível encontrar na *Internet* tabelas com as profissões e ocupações que podem ocorrer sob o regime de MEI. São mais de 400 delas e geralmente divididas em três categorias:

- Serviços;
- Comércio;
- Indústria e manufatura.

54 Que profissionais não podem atuar como MEI?

Há muitas profissões que tradicionalmente incluem profissionais liberais que não podem atuar sob o regime de MEI. Alguns desses profissionais possuem formas próprias de atuação como autônomos que antecedem a própria criação do MEI – como advogados, contadores e psicólogos. Em outros casos, as profissões são impeditivas, embora algumas das tarefas e serviços prestados por esses profissionais não sejam. De modo resumido, as profissões que possuem restrições para atuar como MEI incluem:

- Administrador(a)
- Advogado(a)
- Arquivista
- Arquiteto(a)
- Contador(a)
- Dentista
- Desenvolvedor(a)
- Economista
- Enfermeiro(a)
- Engenheiro(a)
- Fisioterapeuta
- Jornalista
- Médico(a)
- Nutricionista
- Ortodontista
- *Personal Trainer*
- Produtor(a)
- Programador(a)
- Psicólogo(a)
- Publicitário(a)
- Veterinário(a)

55 O MEI causa problemas na prestação de serviços a empresas?

Até alguns anos atrás, muitas empresas clientes não "aceitavam" as notas fiscais cedidas por profissionais que atuavam como empreendedores. Nunca houve qualquer diferenciação entre a validade e legalidade do CNPJ "comum" e aquele utilizado pelo MEI, porém havia casos nos quais as empresas não aceitavam os empreendedores como fornecedores. Com o avanço do MEI e sua popularização, no entanto, o mercado se autorregulou e hoje é bastante difícil encontrar empresas que ofereçam qualquer resistência a receber notas fiscais de empresários individuais.

56 O MEI precisa ter contrato social?

O empresário que atua como MEI não possui contrato social para o seu CNPJ e não pode possuir sócio na microempresa. O Certificado da Condição de Microempreendedor Individual - CCMEI é o documento comprobatório do registro como MEI, conforme previsto na Resolução CGSIM nº 48, de 11 de outubro de 2018, e substitui o Requerimento de Empresário para todos os fins.

57 O empreendedor que atua como MEI pode possuir sociedades em outras empresas?

Não. O MEI não poderá ser sócio em outro empreendimento/empresa, conforme artigo 91, III da Resolução 94/2011. O empreendedor que utiliza o MEI não pode ser titular, sócio e nem mesmo administrador em outra empresa ou sociedade.

58. O MEI pode assinar contratos com empresas que sejam suas clientes?

Sim, o MEI não possui qualquer restrição em relação à assinatura de contratos com clientes ou mesmo com fornecedores. Tal como ocorre com pessoas físicas ou jurídicas, a celebração de contratos entre partes é uma prática livre e, em termos de prestação de serviços especialmente, até mesmo recomendável sob o ponto de vista jurídico.

59 Há um limite de compras e gastos com a atividade aplicável ao MEI?

O empreendedor que atua como MEI possui um limite de faturamento de R$ 81.000,00 por ano. Em relação às suas compras, contabilmente estas não poderão jamais exceder 80% do valor total faturado pelo empresário no ano fiscal em questão. Em outras palavras: se um empresário individual faturou R$ 50.000,00 no ano anterior, seus gastos com insumos, mercadorias e serviços para comercializar ou produzir aquilo que vende em sua atividade não poderão exceder os R$ 40.000,00.

60 O limite de gastos aplica-se a qualquer compra efetuada pelo MEI?

Não, apenas às compras relacionadas à atividade que produz o faturamento e receita. Insumos, matérias-primas, serviços que contribuam para a venda ou a produção. O MEI pode, por exemplo, adquirir veículos sob o CNPJ – e esses não são incluídos nesse limite de gastos.

61. Pode-se usar a conta bancária do MEI para realizar aplicações financeiras?

Sim, no caso de uma conta aberta especificamente para o MEI, o empreendedor pode realizar investimentos e aplicações financeiras. A questão de diferenciação ocorre na hora da declaração. Os eventuais rendimentos dessas aplicações são contabilizados como rendimentos à pessoa física do empresário, e não ao MEI, e dessa forma não estão incluídos nos benefícios tributários dessa modalidade de empresa.

62 Como um microempreendedor individual pode comprovar renda?

Para solicitar um empréstimo, alugar um imóvel, abrir uma conta bancária e também em outras situações, é preciso que o MEI tenha renda comprovada, como ocorre com outros trabalhadores. Em geral, poderão ser utilizados os extratos bancários do empreendedor, contratos de prestação de serviços ou a sua declaração de renda como pessoa física, mas em alguns casos o empresário terá de procurar um contador para realizar uma Decore.

63 O que é a Decore?

A Decore é a Declaração Comprobatória de Percepção de Rendimentos. Esse é um documento que só pode ser elaborado e emitido por contadores, sempre baseado em outros documentos que comprovem oficialmente a renda, que no caso do MEI pode abranger:

- Livro-caixa da empresa;
- Notas fiscais emitidas;
- Declaração Anual do MEI;
- Recibo de Pagamento de Autônomo (RPA);
- Guias de pagamento de contribuição previdenciária individual.

Para a Decore, o microempreendedor pode escolher o período de elaboração — aquele para o qual necessita comprovar renda. Dessa forma, apresenta ao contador a documentação comprobatória de dados e obtém a declaração.

64 Como solicitar o encerramento da minha empresa como MEI?

O empreendedor pode querer "encerrar" a sua empresa em algum momento, seja por falta de atividade ou para deixar de atuar como empreendedor para operar como trabalhador via CLT, estatutário ou outro regime qualquer.

Mas, ao contrário de outros regimes societários, o MEI não "encerra" a empresa, mas sim cancela sua inscrição como MEI. Para cancelar a inscrição como MEI, basta acessar o Portal do Empreendedor e solicitar a baixa do registro. Após realizar a baixa no Portal do Empreendedor, o MEI deverá preencher a Declaração Anual para o MEI – DASN-SIMEI de Extinção – Encerramento.

65 Pode-se cancelar a inscrição de MEI mesmo com débitos nos DAS?

Sim. Mesmo estando com débitos, o contribuinte pode dar baixa e pagar a dívida em nome da pessoa física. Os impostos serão cobrados do titular do MEI como pessoa física.

66 É possível transferir a inscrição do MEI de um Estado para outro?

Sim. O MEI com sede em um Estado poderá se transferir para outro, através de um processo de alteração de dados pelo Portal do Empreendedor. O empreendedor deve, no entanto, consultar se o Estado e município para o qual pretende transferir sua inscrição os CNAE e atividades que desempenha possuem qualquer tipo de exigência adicional, como diferentes normas para ocupação do solo ou desempenhar atividades de comércio, por exemplo.

67 O que é o desenquadramento do MEI?

Quando o MEI atinge um faturamento anual superior aos R$ 81.000,00 estipulados, a tipologia empresarial do MEI não mais se aplica ao CNPJ. Assim sendo, a empresa deixa de se "enquadrar" na figura do MEI.

68 O que fazer quando há o desenquadramento do MEI?

Quando o limite dos R$ 81.000,00 é excedido, o empreendedor precisa comunicar o seu desenquadramento como MEI. A comunicação deve ser feita a partir de 1º de janeiro do ano-calendário subsequente ao da ocorrência do excesso, na hipótese de não ter ultrapassado o referido limite em mais de 20% ou retroativamente a 1º de janeiro do ano-calendário da ocorrência do excesso, na hipótese de ter ultrapassado o referido limite em mais de 20%.

No caso de início de atividade, deverá ser observado o limite proporcional ao limite de faturamento anual, multiplicados pelo número de meses compreendido entre o início da atividade e o final do respectivo ano, consideradas as frações de meses como um mês inteiro.

69 O MEI é obrigado a emitir nota fiscal?

Há duas situações. Quando o MEI vende ao cliente final, pessoa física, é desobrigado de emissão de nota. Contudo, em todos os demais casos, o MEI precisa emitir notas fiscais, como ocorre com qualquer outra tipologia empresarial.

70 Como emitir nota fiscal sendo MEI?

É preciso, como em outras empresas, que o empreendedor efetue inscrições estaduais e municipais, conforme a localidade onde atua. De acordo com o município ou Estado, o sistema de emissão de notas pode variar. É preciso, antes de tudo, definir o tipo de nota fiscal que irá emitir:

- Nota fiscal de bloco;
- Nota fiscal eletrônica (NF-e);
- Nota fiscal avulsa eletrônica (NFA-e).

71 Qual a diferença entre a NF-e e a NFA-e?

A primeira modalidade de nota fiscal eletrônica exige que o empreendedor possua o *software* cedido pela prefeitura para emissão das notas e também um certificado digital, concedido por uma autoridade certificadora. A NFA-e, contudo, é uma modalidade ainda mais simples, na qual o empreendedor emite a nota fiscal via *Internet*, após possuir inscrição e acesso ao sistema do respectivo município.

72 O MEI pode participar de licitações públicas?

Um empresário que atua como MEI pode participar e concorrer em licitações públicas, estando apenas restrito o acesso a licitações que exijam qualificações técnicas e tenham um escopo que fuja daquilo que é possível ao MEI fornecer.

73 Que documentos são necessários para participar de licitações?

Cada licitação possui, em geral, exigências específicas. Contudo, há determinados documentos que o MEI precisa possuir para participar de qualquer tipo de concorrência pública:

- CCMEI: Certificado da Condição de Microempreendedor Individual, pode ser obtido através do Portal do Empreendedor;

- Comprovante de inscrição no CNPJ, que pode ser obtido no *site* da Receita Federal;

- Certidão de Débitos Relativos a Créditos Tributários Federais e à Dívida Ativa da União, obtida no *site* da Receita Federal;

- Certificado de Regularidade junto ao FGTS, obtida no *site* da Caixa Econômica Federal;

- Certidão Negativa de Débitos Trabalhistas – CNDT, obtida no *site* da Justiça do Trabalho;

- Certidão Negativa Estadual, obtida junto à secretaria da fazenda do governo do Estado em que está a empresa;

- Certidão Negativa Municipal, obtida junto à prefeitura da cidade da empresa;

- Certidão de Falência e Concordata, obtida normalmente no *site* do Tribunal de Justiça do Estado da empresa;

- Inscrição Municipal, também obtida na prefeitura da cidade da empresa;

- Inscrição Estadual, também obtida na secretaria da fazenda do governo do Estado;

- Alvará de Funcionamento, requerido na Prefeitura da cidade onde a empresa está;

- Carteira de Identidade e CPF do empreendedor;
- Declaração de Menores. Essa declaração via de regra é disponibilizada, como modelo, nos anexos do edital;
- Atestado de Capacidade Técnica, que pode ser fornecido por outras empresas ou por órgãos públicos que já tenham sido atendidos pelo MEI.

74 O MEI precisa manter algum controle do seu faturamento ou receita?

Sim. O empreendedor deverá registrar, mensalmente, em formulário simplificado, o total das suas receitas. Para tanto, deverá imprimir e preencher todo mês o Relatório de Receitas Brutas Mensais. O MEI deverá manter as notas fiscais de suas compras e vendas arquivadas pelo prazo de cinco anos, a contar da data de sua emissão.

75 Quando um MEI precisa possuir um contador?

Não há nenhuma obrigatoriedade legal, mas quando o MEI opta pelas notas fiscais eletrônicas normais, com envio de XML, ou pelo talonário, e também possua um volume considerável de notas emitidas mensalmente, um contador pode ajudar a organizar as coisas. O contador também pode auxiliar na questão da manutenção das obrigações relacionadas ao funcionário contratado, no caso de MEI que possua empregado.

Gestão e modelo de negócio no MEI

Fora todos os aspectos legais e formais, a vida do microempreendedor possui uma rotina empresarial. O MEI precisa resolver questões relacionadas à gestão do seu negócio e tomar decisões atinentes ao modelo que pretende desenvolver.

76 MEI precisa fazer controle de estoques?

Embora a obrigação não exista legalmente, principalmente o MEI que atua no segmento de comércio deve manter um bom controle dos estoques, entradas e saídas. Além de organizar a gestão do negócio, isso permite que as despesas decorrentes da própria operação do MEI sejam devidamente contabilizadas. O MEI pode efetuar a compra de mercadorias para sua operação até o limite de 80% do faturamento.

77 O MEI pode utilizar máquinas de cartão para pagamento por parte dos clientes?

Sim – tanto as versões mais modernas e com recursos *on-line*, acopladas aos celulares, quanto aquelas fornecidas pelos bancos. Para o MEI implantar máquinas de cartão de débito/crédito, deve procurar diretamente as administradoras de cartão e/ou os bancos conveniados. Alguns Estados exigem também o cumprimento de alguns requisitos quando da instalação das máquinas. Dessa forma, o MEI deve procurar também a secretaria de fazenda estadual ou municipal para verificar as exigências da legislação tributária em seu Estado.

78 O MEI pode atuar com lojas *on-line*? Precisa emitir notas fiscais nesse caso?

Sim, o MEI pode operar uma loja *on-line*, desde que os CNAE declarados permitam esse tipo de operação comercial. Quanto à emissão de notas fiscais, segue a mesma lógica: quando vende ao cliente final ou pessoas físicas, o empreendedor não tem obrigação de emitir a nota – mas precisa fazê-lo quando comercializa com pessoas jurídicas.

79 Um MEI pode ser alvo de reclamações relacionadas ao Código do Consumidor?

Sim, qualquer MEI que ofereça produtos ou serviços ao consumidor final pode responder a reclamações, denúncias ou processos impetrados por clientes em relação ao consumo. O Código de Defesa do Consumidor não faz qualquer tipo de exceção à figura do MEI.

80 — O MEI pode fazer compras de pessoas físicas ou terceiros que não emitam nota fiscal?

Sim, pode. E, além disso, em adição às dúvidas contábeis, o próprio MEI pode emitir uma nota fiscal de entrada para compras dessa natureza, mantendo seus estoques contabilizados da forma que devem estar. O MEI pode fazer essa emissão com o seu próprio talão, preenchendo o campo de entrada da mercadoria com seus dados, ou então requerer a emissão de uma nota fiscal avulsa, na secretaria de estado da fazenda.

81. O MEI pode ser associado a uma cooperativa de produção?

Não. Como ocorre com a vedação em relação à participação em outras sociedades, o MEI não pode associar-se a uma cooperativa. No entanto, é possível ao MEI a participação em uma cooperativa de crédito, conforme o especificado na Lei Complementar nº 123, de 2006.

82 Estrangeiros podem atuar como MEI em território brasileiro?

Sim, desde que obviamente estejam legalizados e portando os vistos necessários ou exigidos para tal. O estrangeiro precisa de CPF e declaração do IRPF, além de comprovar o *status* permanente do seu visto, fornecido pelo Departamento de Polícia Federal com a indicação do número de registro. Quando o cidadão é oriundo de países membros do Mercosul e dos Estados associados e possui residência temporária de dois anos, esse poderá exercer atividade empresarial na condição de MEI e mesmo como empresário ou sócio em outras empresas.

83 Sou brasileiro e moro no exterior – posso atuar como MEI?

Em tese, a atuação de um empreendedor inscrito no MEI pressupõe que resida em território nacional. Segundo a lei vigente, não pode optar pelo Simples a microempresa ou empresa de pequeno porte que tenha sócio domiciliado no exterior. Como o MEI utiliza de forma obrigatória o Simples Nacional, operar como MEI com residência fora do território brasileiro é ilegal.

84 É possível vender uma empresa MEI?

O registro do MEI é intransferível por lei. Uma vez que o titular deixe de operar o CNPJ, o registro deve ser cancelado e o MEI deixa de existir. Dito isso, é possível transferir valores e vender ativos intangíveis do MEI, como a marca desenvolvida, um "ponto" ou uma sede constituída pelo empreendedor individual.

85 É possível fazer vendas *on-line* como MEI?

A tipologia do MEI permite ao microempresário desenvolver negócios de venda de produtos *on-line* – o *e-commerce*. O que poucos sabem é que, como ocorre com outros negócios na área de varejo, em tese, o MEI que almeja atuar com o varejo *on-line* precisa de um alvará para tal, mesmo que não possua uma loja física.

86 Como enquadrar atividades de e-*commerce* em termos de CNAE?

Os CNAE não diferenciam o comércio de produtos por meio do canal, mas sim do tipo e categoria de produtos. Portanto, para atuar nas vendas *on-line*, o empreendedor necessita dos CNAE correspondentes aos produtos que venderá, da mesma forma que um lojista efetuaria a descrição. Entre as categorias de CNAE que se enquadram nas vendas *on-line*, podemos citar:

- Comerciante de artigos de bebê independente;
- Comerciante de artigos de cama, mesa e banho independente;
- Comerciante de artigos de joalheria independente;
- Comerciante de artigos de óptica independente;
- Comerciante de artigos de relojoaria independente;
- Comerciante de artigos do vestuário e acessórios independente;
- Comerciante de artigos esportivos independente;
- Comerciante de souvenires, bijuterias e artesanatos independente;

- Comerciante de brinquedos e artigos recreativos independente;
- Comerciante de cosméticos e artigos de perfumaria independente;
- Comerciante de equipamentos de telefonia e comunicação independente;
- Comerciante de equipamentos e suprimentos de informática independente;
- Comerciante de produtos naturais independente;
- Comerciante de produtos para festas e Natal independente.

87 É possível cadastrar e associar um nome fantasia a um MEI?

Sim, o Portal do Empreendedor admite a atribuição de um nome fantasia ou uma marca ao MEI. Essa mesma marca, posteriormente, pode ser registrada, tanto em nome do empresário, como pessoa física, quanto em nome do MEI, enquanto CNPJ.

88 É possível dois MEIs ocuparem um mesmo endereço?

Como cada prefeitura tem sua legislação, normas e procedimentos próprios conforme Códigos de Zoneamento Urbano e de Posturas Municipais, recomendamos realizar uma consulta prévia junto à prefeitura antes de efetuar a formalização no Portal do Empreendedor, para que possa verificar a possibilidade de funcionamento de duas atividades em um mesmo endereço.

Por outro lado, advogados e contadores não recomendam a inscrição de dois empreendedores individuais em um mesmo endereço. A Receita Federal conduz análises nos CNPJs de modo a verificar inscrições irregulares, e um dos quesitos analisados é a sede de cada registro.

Muitos recomendam a atribuição de alguma subdivisão aos endereços, como "sala" ou "bloco". Contudo, isso pode trazer problemas ainda maiores, uma vez que legalmente o empreendedor estará declarando um endereço inexistente em seus registros.

89 Como o MEI pode registrar uma marca?

O MEI pode registrar a sua marca como qualquer outra empresa. O registro da marca pode ser feito por pessoas físicas e pessoas jurídicas, junto ao Instituto Nacional da Propriedade Industrial (INPI) – o processo pode ser conduzido a partir do *site* da instituição.

On-line, o empreendedor pode consultar a sua marca, verificando se não há empresas já registradas com a nomenclatura. Caso não haja, o MEI pode seguir aos passos seguintes do processo:

- Realizar o depósito da marca junto ao INPI;
- Aguardar o exame formal da marca;
- Solicitar a publicação do pedido para manifestação;
- Aguardar a publicação do deferimento do prazo para o pagamento da taxa;
- Aguardar a concessão do registro pela entidade.

O processo tem sido agilizado nos últimos anos, mas ainda pode demorar bastante tempo. De qualquer modo, se a marca ainda não se encontra registrada e o empreendedor já cumpriu os passos iniciais, aguardando a manifestação do INPI, ele estará protegido em relação a empresas que solicitem o registro de marca similar de forma posterior ao seu pedido.

UFA, DEPOIS DE TODOS OS PASSOS FINALMENTE TENHO MINHA MARCA REGISTRADA.

90 Como conseguir o alvará de funcionamento?

O MEI pode registrar a sua residência como endereço da empresa. Ao fazê-lo, possui acesso gratuito a um alvará provisório de funcionamento. Ao realizar a inscrição no Portal do Empreendedor é gerado o CNPJ e as inscrições na Junta Comercial, no INSS, e ainda é liberado o Alvará de Funcionamento Provisório, para as atividades de baixo risco. As prefeituras são obrigadas a facilitar essa inscrição inicial, de modo a uniformizar as condições dadas aos MEIs, independentemente do município onde atuam.

Após essa inscrição inicial, a respectiva prefeitura tem 180 dias para manifestar-se em relação à regularização do alvará concedido ao MEI para o seu caráter definitivo. Caso não haja manifestação da prefeitura, o alvará provisório converte-se automaticamente a definitivo, sem que haja necessidade de qualquer ação por parte do empreendedor.

91. As prefeituras podem realizar vistorias para emissão dos alvarás e licenças de funcionamento?

Sim. Somente quando a atividade do MEI for considerada de alto risco. Sendo a atividade de baixo risco, as vistorias necessárias à emissão de licenças e de autorizações de funcionamento somente deverão ser realizadas após o início de operação da atividade do empreendedor.

92 E quanto à licença de funcionamento junto ao Corpo de Bombeiros, é preciso obtê-la?

A licença junto aos bombeiros apenas se faz necessária nos casos em que a atividade a ser desempenhada pelo MEI é considerada de alto risco. Para atividade de baixo risco, não é necessária autorização por parte dos bombeiros.

93 Como saber se a minha atividade é de alto risco?

No caso do MEI, as atividades ditas de alto risco são poucas dentre os CNAE permitidos para a atuação nesta tipologia empresarial. A lista completa está na Resolução nº 22 do CGSIM, de 2010:

- 0161-0/01 Serviço de pulverização e controle de pragas agrícolas;
- 1510-6/00 Curtimento e outras preparações de couro;
- 1721-4/00 Fabricação de papel;
- 1742-7/01 Fabricação de fraldas descartáveis;
- 2052-5/00 Fabricação de desinfetantes domissanitários;
- 2061-4/00 Fabricação de sabões e detergentes sintéticos;
- 2062-2/00 Fabricação de produtos de limpeza e polimento;
- 2063-1/00 Fabricação de cosméticos, produtos de perfumaria e de higiene pessoal;
- 2092-4/02 Fabricação de artigos pirotécnicos;
- 3104-7/00 Fabricação de colchões;
- 3812-2/00 Coleta de resíduos perigosos;
- 4771-7/02 Comércio varejista de produtos farmacêuticos, com manipulação de fórmulas;
- 4784-9/00 Comércio varejista de gás liquefeito de petróleo (GLP);

- 4789-0/05 Comércio varejista de produtos saneantes domissanitários;
- 4789-0/06 Comércio varejista de fogos de artifício e artigos pirotécnicos;
- 8122-2/00 Imunização e controle de pragas urbanas;
- 9603-3/04 Serviços de funerárias.

94 Há linhas de crédito do BNDES específicas para o MEI?

Embora o BNDES não disponha de uma linha de crédito exclusiva para o MEI em si, alguns dos produtos do banco aplicam-se perfeitamente ao empreendedor individual.

O BNDES possui uma linha de microcrédito de até R$ 20.000,00 para empresas e profissionais que possuam receita anual de até R$ 360.000,00.

95 É possível ao MEI adquirir *softwares* e sistemas de gestão como empresa?

Sim, as empresas de *softwares* que oferecem licenças corporativas e empresariais podem estender os planos corporativos que possuem a qualquer empresa que possua um CNPJ. Há muitas empresas de tecnologia que dispõem, hoje, de faixas intermediárias de seus produtos, tanto em termos de preços quanto de funcionalidades, para abranger o MEI e outras tipologias que caracterizam microempresas.

96 Um MEI pode buscar investidores e sócios?

Qualquer pessoa, física ou jurídica, pode trabalhar no sentido de encontrar investidores, sócios e entidades que promovam e financiem o seu projeto ou modelo de negócio. O MEI pode buscar livremente opções de financiamento e crescimento, mas deve lembrar que, ao apresentar a possibilidade de sociedade a outrem ou admitir financiamento em troca de participação, irá automaticamente desenquadrar-se da tipologia de MEI e deverá migrar o CNPJ para um tipo empresarial que admita sócios.

97 Microempreendedores individuais podem atuar em conjunto ou em parceria?

Assim como ocorre em qualquer empresa ou atividade profissional, os MEIs podem associar-se de modo informal para constituir e oferecer serviços e produtos de forma conjunta aos mesmos clientes.

A prática é inclusive recomendada e apoiada por órgãos que orientam o empreendedor, como o Sebrae. Ao oferecer serviços e produtos em conjunto, os MEIs geralmente expandem as possibilidades e o alcance dos seus negócios.

Pode-se planejar e implementar parcerias com serviços e produtos complementares ou até com serviços e produtos similares, de modo a ganhar escala. Contudo, os empreendedores envolvidos na parceria devem sempre lembrar que cada um terá de faturar o seu próprio serviço ou produto, de forma independente.

98 Um MEI pode vender serviços e produtos a outros MEIs?

Sim. Nesse caso, a emissão de nota fiscal pode se dar em caráter facultativo: se o serviço e produto é vendido diretamente à pessoa física do outro MEI, não há obrigatoriedade de emissão de nota fiscal. Se o serviço ou produto tiver de ser faturado contra o CNPJ do outro MEI, a emissão torna-se obrigatória.

99. Quando os negócios começam a crescer, o MEI deve elaborar um plano para o seu desenquadramento?

Quando os negócios se aproximam do limite de faturamento anual de R$ 81.000,00, recomenda-se que o MEI elabore um plano de "migração". Isso permitirá ao empreendedor ter uma ideia mais clara das suas novas responsabilidades e obrigações sob um regime distinto. Para tanto, é recomendado recorrer a um contador ou advogado que possa informar e fornecer dados sobre os procedimentos a serem cumpridos no processo.

100 Os MEIs podem criar associações?

Embora os MEIs possam associar-se a entidades de classe e do terceiro setor, um MEI não pode por si próprio constituir uma entidade dessa natureza. A razão é muito simples: como o MEI não pode tomar parte como sócio ou proprietário de outras empresas, não pode assim assumir ou fundar por conta própria uma associação ou entidade, uma vez que essa instituição também possui um CNPJ dela.

CRIANDO UM MEI COM "CARA" DE GRANDE EMPRESA

Uma empresa ou negócio possui a imagem que o empreendedor decide dar a ele. A *Internet* criou possibilidades de concorrência e criação de posicionamento que o mercado meramente físico não permitia. Em muito, as novas modalidades permitidas de empreendedorismo individual atendem a dois aspectos:

- O primeiro deles histórico: desde os primórdios da civilização, a livre-iniciativa permite que pessoas se tornem profissionais e que, a partir de sua profissão ou ocupação, criem negócios;

- O segundo, relacionado à adaptação: o mundo digital e contemporâneo permite que pessoas, desde que possuam competências e recursos para tal, concorram com empresas e até com grandes corporações em segmentos específicos.

Porém todos sabemos que sob o julgamento da maioria, inclusive nós mesmos, contratar ou adquirir produtos e serviços de uma empresa é algo que soa completamente diferente de "comprar de fulano". Esse é, talvez, o grande divisor de águas que promove o sucesso de alguns empreendedores que atuam sob o MEI – e ao mesmo tempo condena tantos outros.

Postura e posicionamento são os atributos que garantem o sucesso de qualquer empresa, e com o MEI não é diferente. Um empreendedor precisa de uma marca, de processos que sejam condizentes com as relações cliente-fornecedor, de produtos e serviços padronizados e de políticas de preço, atendimento, contratos e pagamentos de "gente grande".

As pessoas (e empresas são constituídas delas) realizam escolhas com base nas suas próprias crenças – e, neste caso, a grande maioria de nós tende a confiar em empresas e grupos maiores e mais bem estabelecidos para adquirir produtos e serviços.

Quando um fornecedor parece ter uma metodologia "caseira", ele tende a ser imediatamente descartado por parte do cliente.

O empreendedor terá de assumir uma postura e criar bases para o seu negócio. O objetivo, mais do que simplesmente arranjar um modo "barato" de operar com a sua profissão, é buscar o aprimoramento enquanto negócio. Para isso, três "M" são fundamentais.

Os três "M" de um MEI de sucesso

Há muitos fatores que determinam o sucesso empresarial. Contudo, no caso de negócios nascentes, nos quais o MEI se insere, três fatores são primordiais para determinar o futuro do empresário:

- Mercado;
- Metodologia;
- *Marketing*.

Parece simples, porém esses três aspectos são encarados de modo sério e técnico por qualquer grande empresa. O MEI pode partir de um profissional ou artesão, mas deve ser sempre considerado como o primeiro passo no surgimento de uma empresa. Como vimos anteriormente, até por razões de crescimento e de faturamento, os MEIs bem-sucedidos tendem a evoluir naturalmente para outras tipologias empresariais.

Cada um desses fatores deve ser, desde o dia "zero" do MEI, encarado de forma empresarial e não pessoal.

O primeiro desses aspectos, o mercado, diz respeito ao conhecimento do MEI sobre os mercados nos quais atua ou pretende atuar.

Se o objetivo é abrir um MEI como costureira, a empreendedora precisa conhecer a fundo o modo com que o mercado funciona. É preciso saber onde adquirir produtos e insumos mais baratos, conhecer os níveis e as políticas de preço de empresas que atuam no mercado, e também determinar quais são os serviços e produtos mais demandados e valorizados pela clientela.

A cada nova descoberta, a empresária é capaz de melhorar o seu posicionamento – perante o público e perante a concorrência.

A metodologia, por outro lado, refere-se ao modo com que trabalhamos. Toda empresa possui processos e, a partir da padronização e escolha dos procedimentos e processos mais eficazes, conseguimos reduzir custos, melhorar preços de venda e margens, diversificar a produção e o atendimento e imprimir um ritmo de constante melhoria ao que oferecemos e aos próprios resultados do negócio.

Um MEI toma decisões tanto quanto outros empresários. A forma com que criamos uma metodologia para tomar melhores decisões é o que determina o nível de sucesso e retorno do negócio. Um MEI deve se cercar de ferramentas e métodos para criar um bom planejamento e tomar melhores decisões[1].

Finalmente, o MEI precisa criar estratégias de *marketing* para as suas atividades. *Marketing*, ao contrário do que muitos profissionais não especializados pensam, não envolve apenas "publicidade".

Anunciar produtos e serviços é uma necessidade, mas o *marketing* é uma área vasta, que envolve decisões que estão muito além disso. Para criar uma estratégia de *marketing* eficiente, o MEI precisa ter acesso e monitorar diversos aspectos que cercam a sua atividade:

- Perfil do público que atende;
- Portfólios e listagens de fornecedores;
- Preços e práticas da concorrência;
- Produtos similares e "sucedâneos";
- Condições gerais de mercado para os segmentos em que atua;
- Acessos, visitas, consultas e outras relações com potenciais clientes;

---

1 ANDRADE, Stefani Pontes; BOFF, Caroline Dal Sotto. Ferramentas de planejamento para tomada de decisão aplicadas a um microempreendedor individual (MEI). Revista de Contabilidade, Ciência da Gestão e Finanças, 2014, 2.1: 57-85.

- Qualidade dos produtos e serviços que vende;
- Nível de satisfação dos clientes.

Não há aqui outra saída. O empreendedor que abre um MEI precisa ler, pesquisar e aplicar conhecimento em gestão, *marketing* e administração para transformar um pequeno negócio individual como autônomo numa microempresa capaz de fazer frente a concorrentes maiores.

Mas isso não é necessariamente uma desvantagem para o MEI. O que o empreendedor não possui, ao menos em termos aparentes, em tamanho, possui em capacidade de decidir com velocidade. Afinal de contas, as decisões num MEI dependem apenas do próprio empreendedor.

A primeira decisão – a de criar e gerir o próprio negócio e ser dono do seu próprio capital laboral e intelectual – já foi tomada. Daqui para frente, as decisões e dilemas serão mais numerosos e frequentes, mas não necessariamente mais difíceis.

ACOMPANHE-ME EM MINHAS REDES SOCIAIS E, SE QUISER, MANDE-ME UMA MENSAGEM SOBRE O QUE ACHOU DO LIVRO

Instagram: www.instagram.com/itacirflores_/

Facebook: www.facebook.com/itacirflores2/

YouTube: www.youtube.com/c/ComandanteItacirFlores

LikedIn: https://www.linkedin.com/in/itacir-flores-62245895/

Twitter: @ItacirFlores

E-mail: itacirflores@gmail.com

Site: www.itacirflores.com.br